勝って打つ剣道

隙があれば打つ。
隙がなければ崩して打つ。
強くて美しい剣道で定評のある古川和男範士が、
勝って打つ剣道を指導する。

古川和男

勝って打つ剣道　目次

基本稽古と上懸かりの稽古で鍛える

美しく、正しく、そして強い剣道を求め続ける

生徒たちに教え、自分自身に課してきたのが基本稽古の繰り返しだった

２０１７年3月、東海大学札幌高校を定年退職しました。昭和52年、東海大学を卒業してから約40年にわたり奉職した教員生活にひとつの区切りをつけたのですが、生徒たちに教え、また自分自身に課してきたのが基本稽古の繰り返しでした。

私は長崎県佐世保市で剣道を始め、佐世保刑務所の桧物実一先生（教士七段）に手ほどきを受けました。高校は武専（大日本武徳会武道専門学校）卒業の岩永正人先生（範士八段）の指導を受け、東海大学では井上正孝先生（範士八段）、小柳津尚先生（範士八段）、橋本明雄先生（範士八段）。網代忠宏先生（範士八段）らに鍛えられ、北海道で教員となりました。

高校、大学と剣道専門家を養成する学校を卒業された先生方に稽古をいただく幸運に恵まれたのですが、高校教員となり、基本の重要性を再認識したのは二つの経験です。一つはＰＬ学園の稽古に参加をさせていただいたこと、もう一つは北海道国体（平成元年開催）の強化でアドバイザーの先生方からいただいた指導内容です。

当時、新米教師だった私はどうしたら生徒を強くできるか暗中模索の日々でした。ＰＬ学園高校は名将川上岑志先生が率いる強豪校で、その剣風が高い評価を得ていました。私は生徒を引率せず、一人防具を担いで川上先生の門を叩きました。３日間、朝の

トレーニングからすべて体験したのですが、稽古内容は基本の徹底でした。

当時のＰＬ学園は全国から実力者が多数集まっていましたが、彼らをさらに徹底した基本で鍛え抜いていたのです。ＰＬ学園の剣道はだれが見ても美しく、正しく、そして強い。私自身も基本の重要性は認識していたつもりでしたが、その甘さを痛感した3日間でした。学校に戻ると、勉強メニューをすべておさらいし、新たに稽古メニューを組み直しました。

もう一つの北海道国体の強化ですが、小森園正雄範士、楢崎正彦範士、岡憲次郎範士、小沼宏至範士と錚々たる先生方が北海道を訪れました。そのなかで私がもっとも考えさせられたのは岡先生の手本でした。当時、60歳を超えていた岡先生が一足一刀の間合から足を継がずに腰の入った強い打ちを示されました。自分が60歳になったとき、このような打ちを示すことが、ひとつの目標になりました。この頃から美しく、正しく、強い剣道を確固たる信念をもって求めるようになりました。

勝って打つために　一足一足の間合から一挙動で打てるか

今回、「勝って打つ」という大きなテーマをいただきました。自分自身、なかなかできないことを充分に自覚していますが、私が求める剣道であり、私が教わってきた剣道もそれです。勝って打つとは、攻めて相手を崩して、そこに生じた隙を的確にとらえることです。

剣道は対人競技です。打つ・突く・かわすなどすべての動作は相手に応じて施すことが求められますが、機会に応じて適切な対応をするには、それを行なえるだけの土台をつくっておかなければなりません。

剣道は「手で打つな足で打て、足で打つな腰で打て」と教えていますが、腰で打つことが攻めにつながり、相手に圧力がかかり、隙となります。「技を出す直前まで構えを崩さない」という教えがありますが、それは「打つぞ、突くぞ」と迫ってくるなかでも、相手がなにを出してくるのかわからないと、「打たれるかもしれない」という恐怖心にかられ、手元が上がる、思わず打ってしまうなどの反応があるからです。

腰で打つことを覚えるために、面打ちを送り足から行なうことをすすめます。正面素振りの要領で、左足を継がないで身体を腰ごと水平に滑らせるように移動させます。構えた状態をできるだけ維持し、こちらの切っ先が相手の鍔元に届くくらいのときに大きく振りかぶって一挙動で面を打ち、左足を引きつけます。

この稽古を繰り返すことで、相手に圧力がかかる腰始動の打ち

まずは送り足で左足を継がないで打つことを覚える

を身につけることができます。この稽古を充分に行なったのち、踏み込み足で面打ちを行なうと、姿勢の崩れが少なくなると思います。

剣道教本において足さばきは「歩み足」「送り足」「継ぎ足」「開き足」の4種が載っていますが、もっとも基本となるのが送り足です。踏み込み足は「送り足」の応用ですので、まずは正しい動作を覚えるために、すり足での面を覚えることが効果的です。

一足一足の間合から左足を継がないで打つことは容易なことではありません。とくに構えた状態から打とうとすると、どうしても左足が動いてしまいがちですが、一足一刀の間合は体力により違います。姿勢を崩さずに打てる距離が一足一刀の間合ですので、そこをしっかり理解して取り組むとよいと思います。

構えの確認　無理無駄をなくし、打突に直結する構えを研究する

構えには、目で見える身構え、目で見えない心構えがあります。低段者と高段者の構えがまったく違うように、構えは段階に応じて変わっていくものです。しかし、段階に応じた正しい構えがありますので、常に自分が正しい構えができているかに注意するこ

とが必要です。
正しい姿勢、正しい構えから会心の一本が生まれます。教本には構えの要領として「力まず自然体で立ち、剣先は相手の喉元につける」「背筋を伸ばし、肩の力を抜いてリラックスする」などと記されていますが、剣道は形文化ですので、正しい構えを確認し、常にそれができているかを振り返る習慣を持つことも大切だと考えています。

構えは技につながる気の充実がなければなりません。「左手の収まり」が強調されるのはそのためです。無理無駄がなく安定感のある構えを執ることが重要です。安定感のある構えを執ることができれば、こちらが攻めるときも、相手から攻められたときも、柔軟な対応ができるようになります。

構えというと止まっている状況をイメージしがちですが、動的な状態で安定感のある構えを執っていることが重要です。とくに

構えには技につながる気の充実が必要不可欠

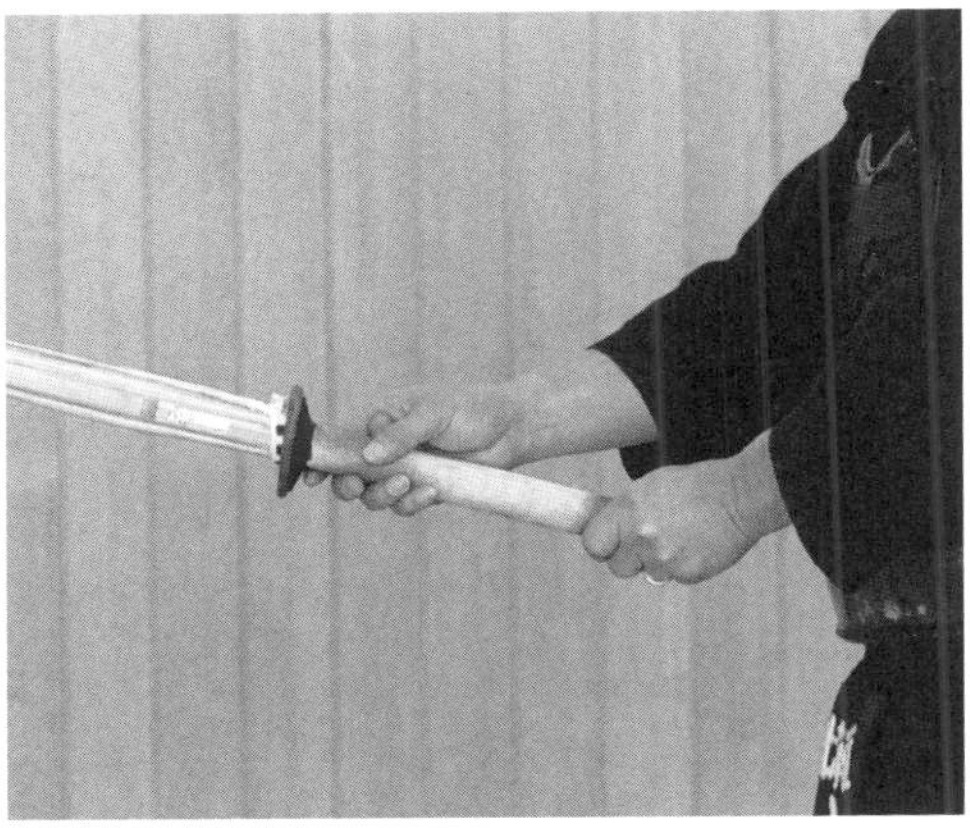
大切なのは左手の収まり

足構えが重要になりますが、足構えの基本は、右足の踵と左足のつま先が同じラインにくるようにし、左右間隔は拳一つ分開きます。両足に等しく体重をかけ、重心は身体の中心に置くようにします。また、竹刀の握り方については、左手の小指は柄頭いっぱいに握り、小指、薬指、中指の順に締めながら鶏卵を握る心持ち掌におさめ、親指と人差し指は軽く握る程度にします。右手も鍔元を左手と同じ要領で添えるようにして握ります。竹刀は上から握ることが鉄則です。

ただし、安定した構えは体格などの問題で個人差があります。我流はいけませんが、自分の打ちやすい構えを身につけることがもっとも重要です。

懸かる稽古　勝負を競うのではなく、気一杯に願うこと

剣道は誰と稽古しても気一杯にお願いすることが大切ですが、とくに重要なのは上手の先生に懸かる稽古を何歳になっても欠かさないことです。

最近は上手の先生に稽古をお願いしているにもかかわらず、同等で勝負をしようとすることが少なくありません。そのような願い方は自分のためにもなりません。剣道は打たれることで強くなります。

稽古を願うときは常に先の気で行なうことが大切です。待って打つ剣道では実になりません。遠間で対峙し、触刃の間合、交刃の間合、一足一刀の間合と詰めていくなかで、「ここだ」と思ったときに捨身で技を出します。

稽古では「当ててやろう」「打ってやろう」という意識や策を弄することは意味がありません。気一杯に稽古をすることで、身体が生きてきて、技も生きたものとなります。

また、上手の先生に稽古をお願いした際、たとえ打てたとしても、それを進歩の証としないことです。上手の先生方には理合に一日の長があり、たまたま打てたと心得たほうが妥当です。

北海道に来てからは菅原恵三郎先生（範士九段）につとめて稽古をお願いするようにしていました。菅原先生は高野佐三郎先生の修道学院で戦前、修行をされた方で、北海道警察でながく師範をされていました。

菅原先生に稽古をお願いすると、打ち気にはやる私に対し、菅原先生は「まだまだ」と我慢をうながしました。ためを作って打つことの大切さを説かれていたと思うのですが、この「まだまだ」を勉強できたことが、私の剣道の一部になっています。

稽古をいただくとき、その先生の強いところへぶつかっていく

ことが大切です。先生の強いところにぶつかっていくから進歩があると思います。

稽古は誰とするときも気一杯にお願いすること

相手を崩す

中心を攻める剣道を軸に圧力をかける

三つの許さぬところを理解し、中心を攻め機会を作り出す

姿勢を崩さずに間合を詰め、中心を攻めることを心がける

剣道は「攻めて崩して打て」と言われています。攻めのない剣道は評価されず、「攻めを勉強しなさい」と稽古などで指摘された経験は高段者をめざす人であれば一度はあるでしょう。わたしもその一人ですが、攻めはこちらが「攻めた」と思っても相手に通じていなければ攻めたことにはならず、さらに攻めがきいていることを実感できることはなかなかありません。それでも剣道における「攻め」は必要不可欠なものであり、自分勝手に出した技は、ほとんど相手に防がれるか、返されます。なぜなら相手が崩れていないからであり、そこには打突の機会はありません。

技を出す機会は昔から「三つの許さぬところ」として伝えられています。「起こり頭」「技の尽きたところ」「居着いたところ」です。相手がしっかりと構えて対峙しているときは打突の機会は生じにくいものです。機会をつくるには、こちらから相手を攻め崩していく必要があります。攻め方はいろいろな方法がありますが、中心を外さずに「打つぞ、突くぞ」と圧力をかけていくことが大切だと考えています。

攻めが通じたとき、相手は防御をするか、我慢できずに打って出てきます。これらは両方とも崩れであり、この状況を誘発させるために攻めを施すのです。ただし、実戦では相手も同じことを考えて攻めてきます。そこに虚々実々のやりとりが生まれるわけ

ですが、攻撃の第一歩は間合を詰めて中心を攻めることです。構えた状態を維持し、右足を滑らせながら間合を詰めます。この過程で相手が打ってくれれば出ばなをとらえる機会が生じます。また、相手が居つけば素早く左足を引きつけて打突につなげます。実際にはそう簡単に打つことはできませんが、姿勢を崩さずに間合を詰め、中心を攻めることを心がけます。

中心の取り合いでは、できるだけ自然に相手の中心を割るようにします。竹刀の鎬を割って入り、相手の剣先がわずかに外れればこちらは優位に立てます。相手の竹刀を強く押さえようとすると力みますし、相手も反撃しやすくなります。中心を取ったことを悟らせない取り方が理想です。中心の攻め方は表だけではありません。裏からもあります。中心を取ろうとすると、とかく右手で押さえたくなるものですが、それでは相手に圧力はかかりません。左手で制するような気持ちで詰めると、上半身の力が抜けた状態で攻めることができます。

表裏を攻める　竹刀の表裏をさわりながら打突の機会を探る

攻めには上から攻める、下から攻める、表から攻める、裏から攻めるなど多種多様のパターンがあり、これらを組み合わせれば無限の攻め方があると思います。ただし、攻めは相手を崩すためのものですので、自分の得意の崩し方を身につけることが重要と考えています。

わたしが得意な攻めのひとつは表裏を使う方法です。相手が出ばなを狙っていると察知した場合に、剣先を少し下げながら裏に回します。そこで攻めがきくと相手はこちらの剣先につられてわずかですが、自然と剣先が外れます。そこをまっすぐ面を打ち込むのです。「剣先を裏に回す」と説明しましたが、相手の竹刀の下に自分の竹刀をくぐらせる程度です。これだけで相手は裏からくると錯覚し、剣先を右に開きますので、そこに打突の機会が生まれます。

わたしが面に出たとき、相手も面に出たとしても、剣先が開いている分、面に到達するのが遅れますので、わたしの面が決まる確率のほうが高くなります。

表を攻めれば相手は面を警戒し、裏を攻めれば小手を警戒します。面を防ごうとすれば手元が上がり、小手を打つ機会が生まれ、小手を警戒すれば面や突きの機会が生まれます。

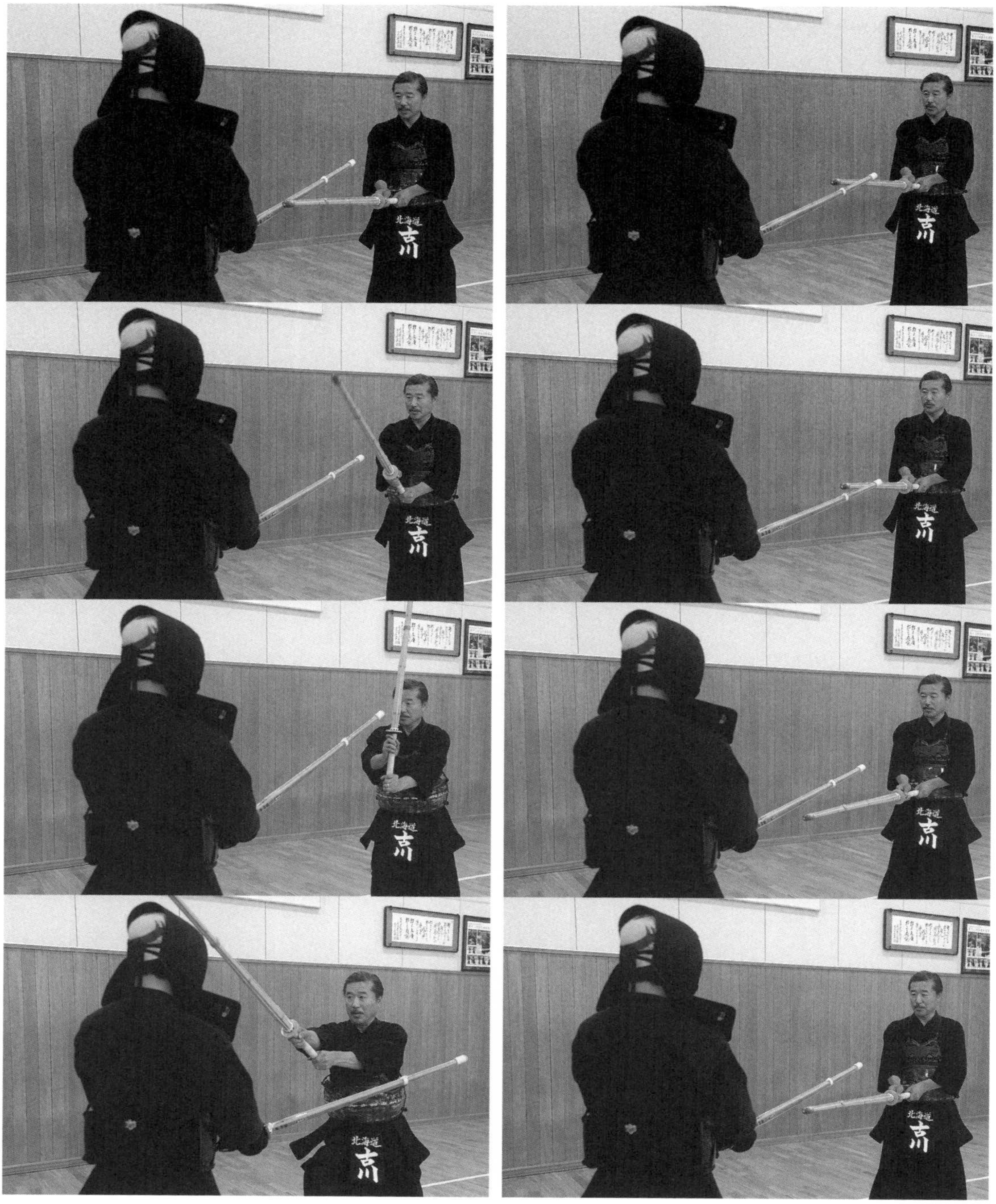

表裏を攻める

下を攻める

小手を警戒させて剣先を中心から外す

小手を警戒すると剣先は中心から外れる

「右手は感情をあらわし、左手は理性をあらわす」と言われていますが、人間の急所である正中線にある右手は、危険を察知すると反応しやすいものです。こちらの攻めがきけば「攻められた」と感じ、必ずなんらかの変化があります。

構えがなかなか崩れない相手には剣先を下げながら間合に入り、崩しにかかることもあります。剣先が相手の手元近くまで接近させ、反応を見ます。間合が近くなりますので、相手が充実していると間合を詰めようとした瞬間を狙われますので、こちらも気力を充実させます。

剣道は力強さのみで攻めていくものではありません。気で攻め、

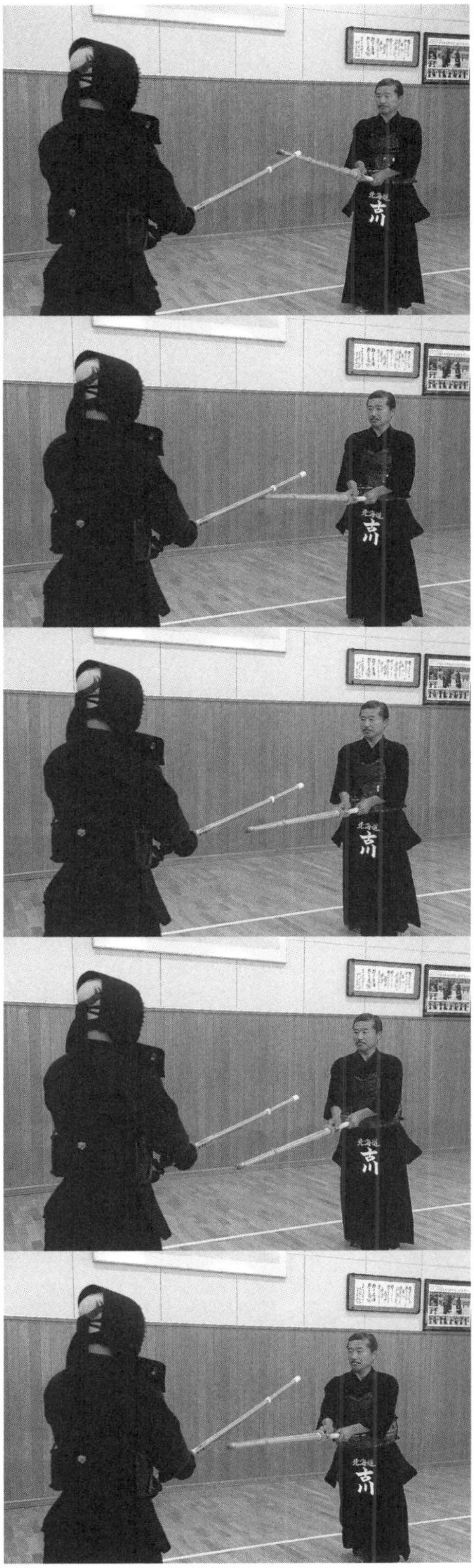

下を攻める

剣で攻め、体で攻めることで相手の構えを崩します。相手の心を動かす攻めを心掛ければ、体力の衰えを気力でカバーすることができます。

下攻めは多用するものではありませんが、表裏の攻めに加え、ときに下から攻めることで相手を疑心暗鬼にさせることができると考えられます。小手先で攻めるのではなく、足をともなって間合を詰めます。

ためをつくるにはギリギリまで足を動かさずに打つこと

ためをつくる

打突直前まで足を動かさずに捨て切って打つ

昇段審査において「(相手を)打ったのに落ちた」という話をよく聞きます。ビデオをみると確かに打突部位に当ってはいるものの評価できる一本ではありません。この評価できる一本とできない一本の差がためではないでしょうか。例えば面返し胴を打ったとき、相手に自分の気持ちをぶつけながら誘い出して打つ返し胴なら百点、来たところを打った胴ではゼロ点です。この誘い出す過程はためがなければつくることはできません。

ためを具体的につくるにはギリギリまで足を動かさずに打つこと、これがポイントになると考えています。わたしは一足一刀の間合から足を継がないで一拍子で打つことをくり返し稽古していますが、そこに剣道の大切な要素が凝縮されているととらえています。

技を出すときはためが重要です。ためがあることで、こちらの攻めが相手の崩れとなって現れます。相手の心が動くところまで我慢して、「ここだ」と感じたときに技を出します。

実戦では考えている余裕はないと思いますが、稽古においてはためを意識し、錬りのある攻防を心掛けてほしいと思います。打ち間に入ったから打つのではなく、入ってからも少し我慢してみるなど、相手を動かすことに意識を向けるのです。

とくに互格稽古では充実した気持ちで間合をはかり、機会を探り、打突を繰り出すことが大事です。相手と行なうぎりぎりの攻防を繰り返すことで、ためを覚えていくのです。

ここでは自分の得意なところばかりで稽古せず、不得意なところで稽古するのも、一つの上達の方法と言えます。稽古だから失敗してもよいのです。

ための感覚を覚えることができれば、相手の出ばなをとらえることもできるし、少し遅れれば、相手の技をすり上げたり、返したりして応じることもできます。立ち姿にも風格が出てきますので、とても重要な要素です。

送り足で身につける基本

踏み込み足は送り足の応用である

蹲踞　上虚下実を意識してすり足でよどみなく行なう

剣道で一番大切なことは基本であり、その基本とは一足一刀の間合から左足を継がずに打てるか否かに集約されていると考えています。わたしは自分自身がその剣道を身につけたいと思い、これまで修行を重ね、教え子たちにもその剣道を身につけさせたい

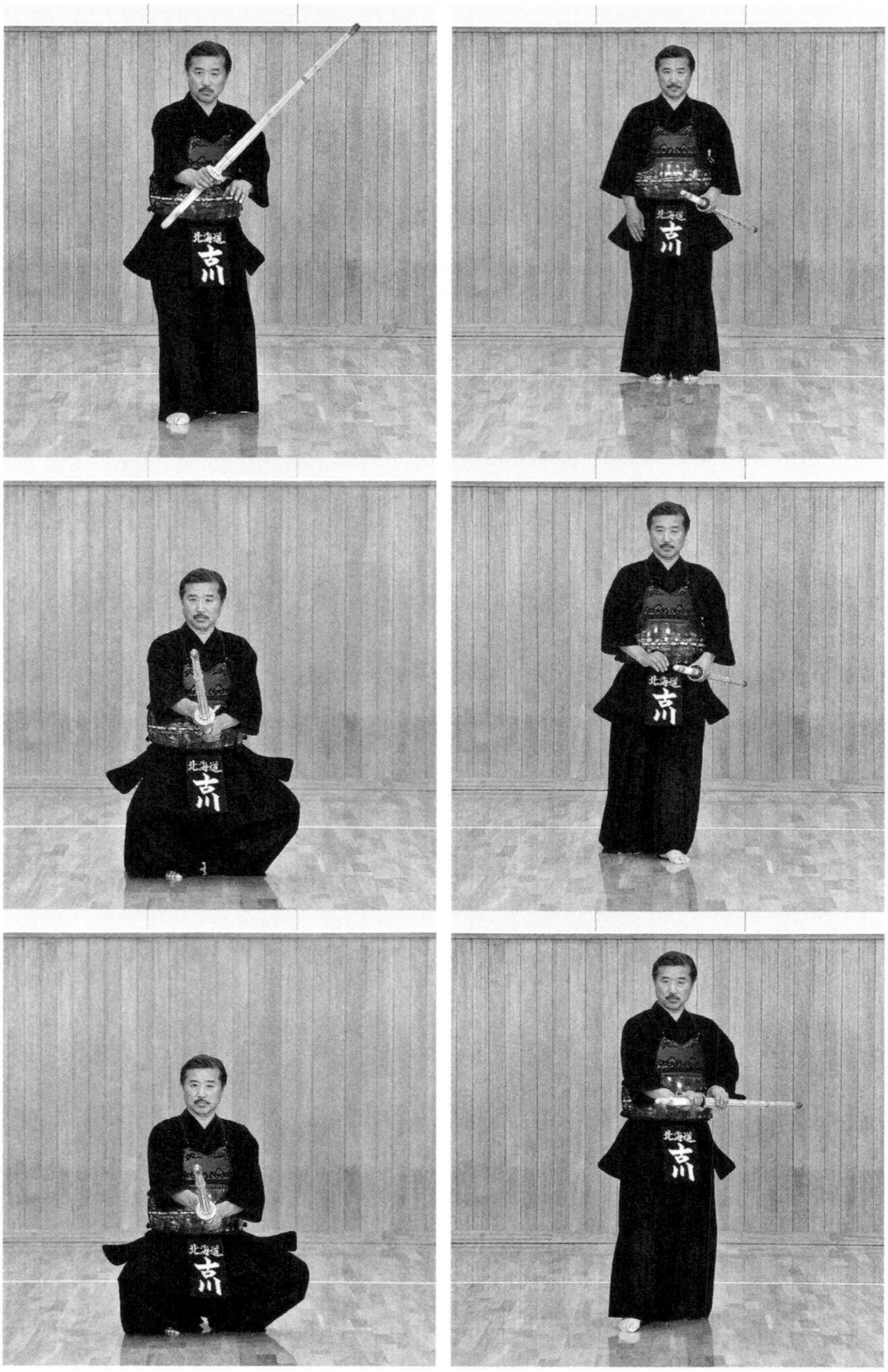

蹲踞から上虚下実を意識してすり足で行なう

と願い、道場に立ち続けています。

前回、攻めの基本事項を解説しましたが、相手を攻めるということは「打たれるかもしれない」という恐怖心などを抱かせることです。相手がなにを考えているのかわからないと、疑心暗鬼になります。そう思わせるには、こちらが「いつでも打てる、相手が出てくれば返せる」という状況をつくっておくことです。その基礎となるのが一足一刀の間合から左足を継がずに打つことです。

ただし、一足一足の間合から踏み込み足を使ってよどみなく一拍子で打つには、まず送り足で正確に打つことができなければなりません。その送り足も、床と平行に足をすすめるすり足でできていなければなりません。

剣道の基本の足さばきは送り足、歩み足、開き足、継ぎ足としています。いずれも構えを崩さず、腰からできるだけ床と水平に移動できるすり足で行なうことが求められます。どの方向に移動するときも、つま先が上がらないようにして、上下動がないようにします。

わたしは蹲踞のときから、すり足での足運びを注意して行なうようにしています。つま先が上がった状態で歩みをすすめると、見栄えが悪く、これから立合に臨む気迫も伝わってきません。

相手と対峙したときから下腹に力を入れ、すり足でよどみなく行なうと、気持ちが充実し、蹲踞したときの見栄えもよくなります。これは試合や審査のときだけ意識しても身につきません。平素の稽古から意識して取り組みましょう。

足さばき　送り足と開き足を腰始動で正しく行なう

足さばきは、相手を打突したり、かわしたり、返して打つための足の運び方です。剣道では足のさばきが非常に重視されており、高校生を指導する際、充分に時間を割いて、正しい足さばきを身につけるように指導をしてきました。

稽古時間が限られている一般の方々は足さばきに充分な時間を取ることができないかもしれません。しかし、足さばきの稽古は一人で行なうことができます。稽古開始前、稽古開始後などに時間を確保することはできると思うので、必ず実行することをすすめます。

歩み足、送り足、開き足、継ぎ足のうちとくに大事なのは送り足と開き足です。送り足は、あらゆる方向に近距離を素早く移動する場合や、一足一刀の間合から打突する場合に用いる足さばきです。

一方、開き足は身体をかわしながら相手を打突したり、防いだりする場合の足さばきで、右に開く場合は右足を右斜め前に出して左足を右足に引きつけ、左に開く場合には左足を左斜め前に出し、右足を後方に引きつけます。

この送り足、開き足を充分に稽古することが仕掛け技、応じ技の修得につながります。そのことを意識して一人稽古を行なってください。

送り足

開き足

面打ち　腰始動で送り足を用いて正確に正面を打つ

正面打ちは、両腕の間から相手の面が見える程度の位置まで竹刀を頭上に振りかぶり、右足から送り足で打ちます。右足を前に

腰始動で送り足の面を打つ

出しながら相手に向かって平行移動をしつつ竹刀を大きく振りかぶって面を打ちます。

昨今、基本稽古を行なう際、送り足で行なうことをせず、踏み込み足から行なうことが一般的です。たしかに、打突する際、もっとも多く用いられるのは踏み込み足ですが、これは送り足が発展したものです。左足指のつけ根部分で鋭く踏み切り、右足で踏み込むことを覚えるためにも、送り足で打つ稽古を実践することをすすめています。

相手の面に一番早く剣先を届かせるには上体から突っ込むような打ち方が有効と思われがちですが、違います。体勢を崩さずに相手に向かって平行移動するようにまっすぐ打つことが一番早く剣先を届かせることができます。大事なのは自分の剣先がいかに早く有効打突の条件を満たした状態でとらえるか否かです。体勢の崩れのない腰からの打突は剣先が早く走り、瞬間的にはとても早く、打突に冴えが生まれます。相手が早く出て来ても切り落とすこともできますし、返し技、すり上げ技で対応することもできます。

連続打ち　体勢が崩れやすい連続打ちで体軸を鍛える

送り足の面打ちに加え、ぜひとも稽古に取り入れてほしいのが送り足の連続打ちです。代表的なものは小手面打ちですが、連続打ちは単一打ちに比べると体勢が崩れやすいのは周知の通りです。

小手打ちは四つの打突部位のなかでもっとも近い位置にありますが、低い位置にありますので上体を突っ込むように打っている人を見かけます。目線を小手に向けただけで、頭が下方を向きますので、それだけで崩れが生じてしまいやすくなります。

小手面の原理は有効打突の基準を満たした小手打ちを相手が剣先を開いて防いだ瞬間、面に隙が生まれ、そこを打ち込むものです。小手と面、どちらも一本の基準を満たした腰の入った打ちを送り足の小手面打ちで覚えてください。

さらに小手面胴の三連続打ち、小手面胴面の四連続打ちへと発展させます。技数が多くなるので肩に力が入ると円滑な動きができなくなります。下腹に力を入れ、上虚下実の構えから小手面胴面と左足をしっかりと引きつけ、いずれも有効打突の条件を満たした打ちを出せるようにします。打ち切ったあとも気を抜かず、いつでも次の技を出せるように集中を切らさないようにしましょう。

小手面などの連続打ちは体軸を崩さないようにする

面技に磨きをかける

剣道は面に始まり、面に終る

三段階の稽古で腰始動の面を身につける

剣道は「面に始まり、面に終わる」と言われているくらい剣道の根幹をなす技です。相手を攻めて崩して打つ方法と、相手を攻めて引き出して打つ方法があり、いずれも気持ちを充実させて相手を攻め、先を取って打突の機会をつくり出すことが重要です。

速く打とうと思うと上半身に力が入り、打突時、姿勢が崩れやすくなります。そのような打ち方は打突部位をとらえたとしても見栄えがしません。普段の稽古から腰始動でしっかりと打ち切ることを意識して取り組みましょう。

腰始動の面を覚えるために、送り足での面、諸手突き、突きの軌道から面という三つの段階の稽古を繰り返すことをすすめています。

送り足で面を打つ

腰から諸手で突く

突きの軌道から面を打つ

送り足の面は、一足一刀の間合で構え、そこから左足を継がずに身体を腰ごと水平に滑らせるように右足を進め、こちらの切っ先が相手の鍔元近くまで届いたとき、大きく竹刀を振りかぶって一挙動で面を打ち、素早く左足を引きつけます。右足を前に出すときは、左足の力で右足を押し出すような気持ちで行ないます。

諸手突きは、腰から移動する感覚を覚えるものですので、構えた状態を維持し、相手の喉元を突きます。実戦では剣先を下げるなど突く前の攻めが重要になりますが、ここではそのような竹刀操作は行なわず、中心を割って突きます。

そして最後の突きの軌道からの面は、腰始動で相手の中心を制していき、こちらの切っ先が相手の喉元付近に迫った瞬間に小さく鋭く面を打ちます。剣道は溜めて打つことが大切です。相手に圧力をかけ、相手に四戒（恐懼疑惑）が起きた瞬間をとらえるようなイメージで面を打ち切ります。

この三段階の稽古は一人稽古でも可能です。時間をかけて取り組むことで腰始動の打突は必ず身につきます。

中心を制して面

中心を攻め続け、わずかな崩れをとらえる

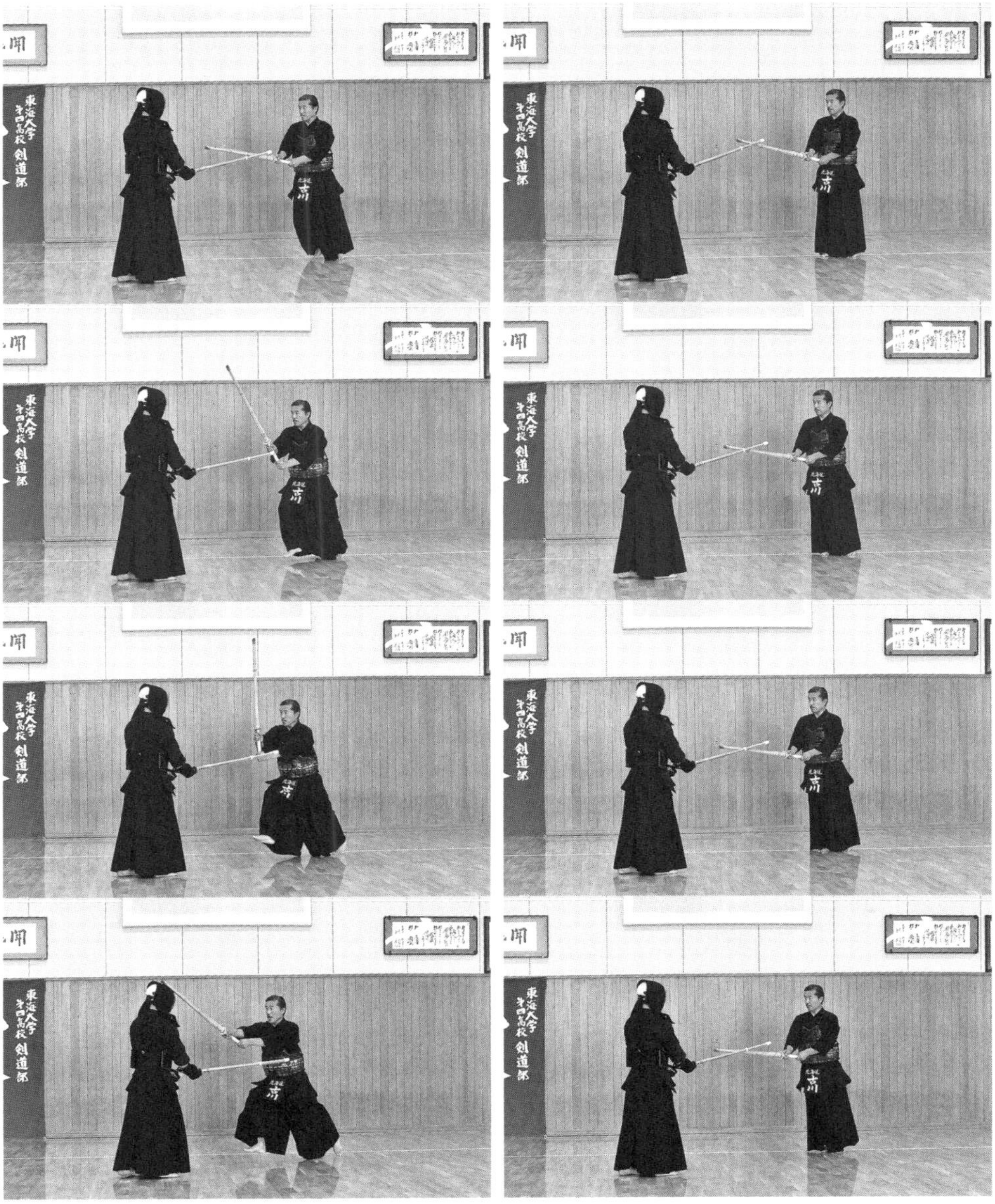

中心を制して面

攻めの第一歩は相手の中心を制することです。剣道は中心の取り合いであり、中心を取れば打突の機会が生まれ、中心を取られれば打突の機会を与えることになります。

中心を制して打つ面は、もっともシンプルな技ですが、この面技があると相手は脅威になります。いつその面を出してくるのか疑心暗鬼となり、手元が浮いたり、不十分な打ちを出したりし、打突の機会を与えてしまうのです。中心の取り合いで心がけていることは、できるだけ自然に相手の中心を割ることです。しっかりと中心を取って攻めれば、相手の剣先は中心から外れます。強引に中心を取ろうとす

れば相手に伝わるかもしれませんが、警戒心を強め、打突の機会を見いだせません。竹刀の身幅分、中心を外すことができれば、打突の機会は生まれます。

攻防の際、とくに重要なのは自分の左手をしっかりと丹田の前におさめることです。剣先は上下、表裏、払ったり、捲いたり、ときに中心から剣先をわざと外して誘いをかけることもあります。そのときも左手はいつも正中線上に置いておくのです。左手がおさまっていれば、剣先に威力が出て、攻めが効くようになり、攻防に重みが生まれます。

攻め込んで面　下がる相手には左足を素早く引きつけて打つ

面は相手の剣先が開いたとき、下がったときが打突の機会です。

相手が居着いた状態で剣先が開いたり、下がったりしたときは左

攻め込んで面

足を継がずに打つことができますが、下がって間合を切った相手には届かないこともあります。

とくに試合では間合を切ることが頻繁にあります。竹刀を無理に届かせようとすると姿勢は必ず崩れますので、相手が「引く」と察知したときは、右足と左足を素早く送って間合を詰めて打つようにします。間合を詰めるときは上から乗るような気持ちで自分の剣先は中心から外れることなく、相手の剣先を割るようにします。

ただし、普段から足を送って打つことを習慣にしてしまうと、送らないでも打てる間合でも足を送ってしまうようになりますので注意が必要です。

実戦では小さく鋭く打つことが求められますが、小さく打つ面は、大きく打つ面の振りかぶる幅を短縮したものです。刺すように打つのではなく、竹刀を振り上げて鋭く打ちます。右手に力が入りすぎると、上半身に余分な力が入り、正確な打ちができなくなります。左半身を意識して腰始動で打ち切ることを心がけます。

裏から面
中心を取り返しにきた瞬間、剣先を落として打つ

剣先の攻防は中心の取り合いとも言えますが、中心を取ろうとすると取らせまいとして相手が中心を取り返しに来ることがあります。そのような相手には取り返しに来ようとした瞬間、剣先を落とすと中心から剣先が外れ、裏から面を打つ機会が生まれます。

裏から打つ場合は、竹刀を大きくまわしてしまいがちですが、そのような打ち方では軌道が大きくなってしまい、反対に小手を打たれる危険性が生じます。ときとして、かつぐような大きな動作が相手の虚を衝くことになり、有効打突とすることができるかもしれません。しかし、そのような奇襲的な要素が大きい技は何度も成功するものではありません。裏から打つときは、相手の竹刀が中心から外れているときであり、裏から打つときもまっすぐ振りかぶり、まっすぐに振り下ろすことが基本です。相手の剣先を避けて打つのではなく、相手の剣先が中心から外れた瞬間を狙うのです。

裏から面

わたしが裏から打つときは、小手を充分に攻め、相手に小手を意識させるようにします。小手を防ぐときは剣先を開きます。小手に対する応じ技を狙わせるような気持ちにさせ、相手が技を出そうとした瞬間を狙って打ちます。

小手技に磨きをかける

足腰で打つと技に冴えが生まれる

もっとも近くにある打突部位だからこそしっかり打ち切る

小手は面、小手、胴、突きの打突部位のなかでもっとも自分から近い距離にあります。近い距離にあるので、安易に手を出して打ちたくなるものです。しかし、そのような打ち方が一本にならないのは周知の通りであり、劣勢に立たされて「思わず打ってしまった」という技です。そのような技は反撃を受けやすく、だれもが苦い経験があると思います。

小手を打つ機会は相手の剣先が上がったところです。近い距離だからこそ面以上の気迫をもって相手を動かして打つことが大切です。小さく鋭く打つことが求められますが、重要になるのが冴えです。刃筋正しくコンパクトに打つと冴えが生まれます。体勢を崩しながら打つと刃筋が通らず、強度も弱くなり、冴えた打ちが出せません。相手と正対し、正面から打ち込み、足腰で決めるようにします。

正しい小手の打ち方を身につけるために、わたしは二段階の稽

小手を打ち、剣先を喉元につける

古を行なうようにしています。まずは小手を打ち、打ったのちに相手の喉元につけるようにします。これは相手と正対して打ち切るための訓練です。腰と足でしっかりと小手を打ち、剣先を喉元につけます。次ぎに小手を打ったのち、素早く身体を相手に寄せます。このとき目線は一定にします。

小手を打ち、素早く身体を寄せる

右拳を攻めて小手

右拳を攻めて手元を浮かせて打つ

小手の打ち方は相手の竹刀を越して打つ方法と竹刀の下から打つ方法がありますが、これは相手の手元の位置によるものですので、相手を攻め、剣先を浮かせるようにすることが重要です。

わたしが小手を狙うとき、相手の右拳を攻め、面を差し出すような気持ちで間合を詰めることがあります。面を打とうとすれば当然、剣先は上がります。攻めがきいていると打たされた状態になりますので、その浮いた手元を瞬時にとらえるようにします。

この技は相手の剣先の下から打ちますので、とくに体勢が崩れやすくなります。体勢を崩しながら斜めから切り込んでいくような打ちでは刃筋が通りませんので一本になりません。必ず相手と正対し、背筋を伸ばして的確に打つようにします。

打突後は素早く身体を寄せて決めをつくります。身体の寄せが遅いと、打突部位をとらえたとしても反撃されやすく、見栄えがしませんので、打てる姿勢をつくっておき、素早く身体を寄せま

右拳を攻めて小手

す。
　実戦では相手の手元が大きく上がったところに斜めから打ち込むこともあります。相手の竹刀と平行に打てば刃筋は通りますので、相手の状況に応じた打ち方を身につけてください。

払い小手 相手が出ようとする瞬間に払って打つ

払い技は、相手の構えに打ち込む隙がない場合、相手の竹刀を表、または裏から払い上げて構えを崩して打つ技です。相手の剣先が自分の身体の正中線上にあって構えが堅固な場合は、打っていくことができません。そこで「払う」という働きが必要になるのですが、「払い技」ですので技に直結するような払い方をする必要があります。

払い小手の場合、裏鎬を使って払うことになりますが、剣先で右半円を描きながら相手の竹刀を払い上げます。そして相手の空いた小手に竹刀をまっすぐ振り下ろして打ち切ります。半円を描くような払い方をすることで、払う動作と竹刀を振りかぶる動作が一つになり、素早く小手を打つことができます。竹刀を横に払ってしまうと、相手の剣先が大きく中心から外れるかもしれませんが、こちらも打てる体勢になっていません。

払い技は、払うタイミングがとくに重要です。相手が打とうと

払い小手

する瞬間を狙うと、打突動作に出ていますので、相手は避けることができません。攻め合いのなかで払うタイミングを感得し、身体全体で間合に入るような気持ちで払って打つようにします。

かつぎ小手

相手の面垂れを打つような気持ちで間合を詰める

かつぎ技は、相手の虚を誘い出す一種の誘い技です。機を見て自分の竹刀を思い切り左肩にかつぎ、これに誘われて相手が手元を上げたり、剣先を動揺させたり、誘いに乗って打って出ようとしたところをとらえる技です。虚を誘い出すものですので、多用はしません。

かつぎ小手は竹刀を肩にかつぐことで相手に面技を警戒させ、手元を上げたところをとらえます。剣先の攻防で相手が面を防ごうとしている気配を感じたら、鋭く間合に入りつつ竹刀を肩にかつぎます。面を警戒している相手は手元を上げて防ごうとしますので、その上げた手元に小手を打ち込みます。

相手が手元を上げるときは、多くの場合が身体を引いて防ごうとします。引いた分だけ、当然、小手の距離が遠くなりますので、通常よりも間合を詰めなければなりません。

わたしはかつぎ小手を出すときは面垂れまでを打つ気持ちで小

かつぎ小手

手を打つようにしています。そのような気持ちで打つことで適切な間合を保持できます。

かつぎ技は動作が大きいので、相手が充実しているときに出しても失敗してしまいます。よく相手の状態を見極めることが大切です。

突き技に磨きをかける

速さよりも間合取りが重要。腰で突く

速く突こうとすると上体から動いてしまう。姿勢を崩さないこと

突きは、他の打突部位に比べてきわめて小さいため、実戦で一本になることはなかなかありません。しかし、喉元は人間の急所であり、「突くぞ」という気持ちで攻められると、圧力を感じるものです。

突き技は速さよりも、突ける間合に入って相手を惑わせることが重要だと考えています。いわゆる「入り身」です。間合を詰める際、相手に悟られずに突きを出せる間合に入っておく工夫が必要です。

相手に悟られず間合に入るためには足さばきが大切です。足さばきがしっかりできていれば構えが崩れることが少なくなり、それが攻めにつながります。

間合を詰めるときは腰始動でなるべく重心を変えず、送り足で移動させるようにします。送り足で間合を詰めれば上体のぶれは少なくなり、必要最低限の動きで詰めることができます。

この腰始動の間詰めが攻めになり、相手を崩すことにつながります。突きの機会は相手の剣先が下がったとき、もしくは剣先が開いたときです。実戦では機会と察知したときには突いていなければ、決まる可能性は少ないと思います。

まずは送り足で腰で突くことを身につける

突きは速く突こうとすると上体から始動してしまい、下半身が残ってしまいます。突き技に必要なのはスピードよりも、むしろ間合の入り方です。スピードに頼って突くと手先で突いてしまい、姿勢が崩れやすくなります。

平素の稽古では送り足で正しく突くことから始め、その感覚を大事にしながら実戦の突き方に発展させることが、突き技を習得する近道だと考えています。

送り足で突くときは一足一刀の間合から左足を軸足として右足を踏み出します。このとき腕を伸ばして突くのではなく、腰を入れて身体全体で突くことが大切です。身体全体を使うことで体軸がぶれにくくなり、まっすぐに突き垂を突くことができます。

剣道は面・小手・胴・突きと四つの打突部位があります。面は剣道の根幹ではありますが、四つの技をすべて平等に使えるように稽古を重ねることが大事です。突きに関しても隙があれば躊躇なく出すようにしていますが、それには普段から突き技の稽古も欠かさないようにしておくことが大事です。

乗って突く　剣先を低く構える相手に乗って突く

構えは人によって癖があり、基本の中段より剣先がやや高いことや、低いことがあります。また攻防によって剣先の位置が変わることはよくあります。乗って突くときは、剣先が低い位置にある相手が有効です。一足一刀の間合から中心を制しつつ攻め込みます。このとき、攻防の最中、相手が居つくことがあります。その居ついたところを躊躇なく上から乗るように突きます。

居つくときは「打たれるかもしれない」など心に迷いができたときが大半です。間合を詰められると攻めが効いていると相手は恐怖心を抱きます。

試合では立ち上がりから突きを出すことはまずありません。突くと見せて小手を打ったり、面を打ったりして剣先が外れるように仕向けることも大切です。ただし、これらの一連の技は本気で取りにいかないと相手は恐怖心を抱きません。

突くときは乗るように出しますが、腕を伸ばしすぎると上体が前傾し、下半身が残ります。このような突き方では突き垂を正確にとらえることができません。無理に届かせるのではなく、正確に突きが出せる間合に入っておくことがもっとも大切です。

乗って突く

下から突く

小手に意識を向けさせて剣先が外れた瞬間に突く

下から突く

小手を防ぐとき、基本的には剣先を開きます。この剣先の開きを利用して突くのが下から突く方法です。剣先を開かせて突くときは、切っ先が相手の拳の下あたりまで届く距離まで攻め、小手を警戒させます。実際に小手を打つこともあります。大きく間合を詰めるので、詰める過程で攻め勝っておくことが前提です。攻めが効いていないと、入った瞬間を狙われてしまいます。

突くときは、手首を内側に入れながら突きます。手の内をやや絞り込むことで突く威力が増します。相手が剣先を開いたときには突きを出せるようにしておきます。

この技は相手が受け身にな

っていると感じたときに有効です。打ち気になっていると、間合を詰めた瞬間に技を出してくることもあります。相手がどのような気持ちでいるのかを慎重に見極める必要があります。

仕かけ技は溜めが重要ですが、大きく間合を詰めるときはとくに一瞬の溜めが必要です。大きく詰めながら技を出すと相手は防御しやすいですが、詰めた次の瞬間、一瞬、時間的な溜めがあると、それが相手の居つきにつながり、そこに機会が生まれます。

裏から突く　中心を取り返してきた瞬間を狙って突く

剣先で中心を攻めると、必要以上に取り返してくる相手がいます。そのような相手には取り返しにきた瞬間、こちらが剣先を外すと中心から相手の剣先も外れます。そこに小手、もしくは突きを出す機会が生まれます。

裏から突く

とくに中心が強い相手は表から中心を攻めるとかなりの確率で取り返しにきます。また、こちらの突きを警戒したときも剣先で表を押さえ、似たような反応を示すことがあります。このような反応を示したとき、竹刀を相手の裏にもっていくことで、相手の剣先は左に外れます。その瞬間を諸手で突きます。

裏からの突きは読まれると、すり上げ面、出ばな面を打たれる危険性が生じます。しかし、腰が入った状態で突くことができれば部位を外れたとしても相手の肩口あたりに竹刀がひっかかりますので、相手の反撃を封じることができます。

裏から突くときは、竹刀を大きくまわさないことです。相手の竹刀が中心から外れており、それが結果として裏から突くことになるのです。左拳の位置はなるべく動かさず、手元は浮かさず、一直線に竹刀を出していくようにします。腰を入れ、身体全体で突くようにします。

胴技に磨きをかける

手首を返して刃筋を立てて打つ

体さばきを伴う胴打ちは姿勢が崩れやすい。腰を入れて打つこと

胴は面と同じ軌道で振りかぶり、そこから手首を返して竹刀を斜めに傾けて刃筋を通して打ちます。右胴、左胴(逆胴)、いずれ

胴は出す機会が少ないが、手首の返しと体さばきを身につけるためにも稽古をしておくこと

も左拳は中心から外さず、斜めに切り下ろすような気持ちで打ちます。

胴は面・小手・突きと違い、手首を返す動作と体を右にさばく動作がともないます。手首をしっかり返して打たないと、刃筋が通りません。胴を打つときは必ず手首を返してしっかりと刃筋を通して打つようにします。胴は四つの打突部位のなかでもっとも打つ部位は広いですが、打つとき、体さばきをともなうので姿勢が崩れやすくなります。胴は出す機会が少ないかもしれませんが、手首の返しと体さばき身につけるためにも、日頃から稽古をしておくことが大切です。

昨今、胴を打ったとき、右手一本で打っている場面を試合等で散見しますが、このような打ち方は評価できません。しっかりと両手で竹刀を握り、打突部位をとらえるようにします。相手から目線が外れると姿勢が崩れやすくなります。

また胴を打つ際は、左右の肘を充分伸ばして打ち、斜め下からすくい上げるようにしないことです。左拳を身体の中心から外さないようにすれば、このような打ち方にはなりませんので、左拳の位置に注意します。

胴を打つときにポイントとなるのは腰の安定です。基本動作では一足一刀の間合からすり足で右足を前に出し、左足を引きつけると同時に相手の右胴を打ちますが、腰が安定していないと手の内は定まりません。しっかりと身体を相手と正対させて打つようにします。

面抜き胴　相手の面を引き出すと同時に懐に素早く入る

抜き胴は相手の正面打ちに対して、右足を右斜め前に出しながら相手が面を打って両腕が伸びきるところに左足を引きつけて打つ技です。抜くときは、頭の左半分をかわす程度で、相手が空を打って両腕が伸びきるところに胴を打ちます。いわゆる「技の尽きた状態」です。その隙を逃さず刃筋を通して打ちます。

充分相手を攻め、相手が苦しくなり、面を打ってきたところを抜かないと成功しません。間合を詰め、相手の面を引き出すと同時に懐に素早く入って打ちます。前方に体をさばきながら胴を打つので、応じる動作と打つ動作が一連の流れでつながるようにします。

面抜き胴は、相手の「打ちたい」という気持ちを察して、こちらから攻めて相手を誘うことが重要です。対応が遅れると、姿勢が崩れ、相手から逃げるような打ち方になります。そのような打ち方は一本になりません。相手が面に出てきてから動作を起こしても遅れてしまうのはそのためです。

面抜き胴は、返し胴に比べ、素早く対応する必要があります。

自分から胴を打ちにいくような気持ちで、前方にさばきながら打つようにします。

面抜き胴

面返し胴

相手の面は前方でさばいて勝って打つ

面返し胴

面返し胴は相手の面を表鎬で受けて方向を変えて打つ技です。しかし、抜き胴と同じく相手の面を待っていては一本にすることはできません。強い攻めで相手が打たずにはいられない状況をつくり、そこを胴に返します。相手の竹刀が打突部位をまさにとらえようとする瞬間を返すことができれば相手は防御することはできません。

相手の面を引き出すためには先をかけて攻めることです。腰の移動で相手に圧力をかけ、その圧力が相手に伝われば、こちらに従属したかたちとなります。このような状況をつくることができれば、こちらの仕掛けに対して機敏に反応します。面を誘い出すには剣先をゆるめることも有効です。

相手の面を応じる位置は、自分の竹刀の中結よりも前です。相手の面を引き込んで応じてしまうと遅れてしまいます。なるべく前方でさばくことができれば余裕をもって打つことができます。

面返し胴は一瞬でも判断が遅れると、面を打った相手の勢いに負けてしまいます。待って打ったのか、勝って打ったのかは紙一重のところがありますが、打つことよりも相手を動かすことを意識して攻めることが重要です。

左胴　面を攻めて大きく手元を上げさせて打ち切る

胴打ちの基本は右胴ですが、左胴も打突部位に含まれています。手元を大きく上げて面、小手、右胴を一度に防ぐ防御は以前と比べて少なくなりましたが、左胴を狙うのはまさにそのような機会です。

左胴

胴の機会は相手の腕が上がったところです。右胴を打つときと同じように中心を攻め、面をうかがいます。相手が面を防ごうとして大きく手元を上げようとしたところに左胴を打ちます。

この技は、攻めによって相手の構えの変化をとらえて打つ技です。中段に構えたときには、「いつでも打てる」という気の働きと体勢が備わっていることが重要です。攻めるときは手先だけで中心を取るのではなく、腹をすえて左手をしっかりと収めたまま間合を詰めます。このことにより、相手は動きます。

とくに左胴は大きく手元を上げさせないと打つ機会は生じません。多用する技ではありませんが、膠着状態を打破するときなどに必ず一本にするという覚悟で出せば有効な技です。

胴は相手の構えが崩れていなければ打つことはできません。相手の状態を見極めずに闇雲に出している場面も散見しますが、慎むべきことです。

一本に直結する素振りを実践する

素振りには剣道の基本がすべて入っていることを知る

素振りは生涯剣道を実践するにあたって、とても大事にしなければならないものです。稽古のはじめに行なうだけでなく、一人稽古としてもとても有益。空き時間を利用して自分一人ででき、地力を養える

素振りを行なう目的は、竹刀や木刀を上下、あるいは斜めに何度も振ることで、竹刀の正しい操作や太刀筋を習得することであり、打突時に必要な手の内や、足さばきと連動させることにより打突の基礎を身につけることもできます。

面を着ける前に素振りを行なうことは多いと思いますが、準備運動の一環としての素振りに終始してしまっているのではないでしょうか。せっかく行なう素振りですから、ただ漫然と振るのではなく、いくつかのポイントを意識しながら素振りをすれば、剣道向上に必ずつながります。

素振りを行なう際、常に心がけてほしいポイントは「剣先が生きているか、走っているか」と「相手が見える素振りをする」という二点です。

一点目の「剣先が生きた素振り」はただ漫然と竹刀を振っているだけでは実現できません。剣先を生かすためには足さばきがとても重要です。素振りというと竹刀を振ることだけに注目しがちですが、正しい足さばきが上半身の勢いをつけ、剣先が走るようになります。前後に動く時、左右に動く時も腰を意識して身体の上下運動を極力少なくすることが肝要です。求められるのは頭の高さが動作の時も変わらないスムーズさであり、上下運動が大きければ大きいほど無駄な動作が加わってくるため、前に進む力、

左右にさばく力は弱くなります。スムーズな移動は身体の勢いに直結し、それが打突の冴えとなるのです。

二点目の「相手が見える素振り」は、素振りのための素振りであってはならないということです。素振りをする時は相手を意識して場面を想定することが大事です。顎先まで切り落としているか、打った後の残心はどうか。そこまで意識できれば、素振りが運動ではなく稽古になるはずです。

素振りは生涯剣道を実践するにあたって、とても大事にしなければならないものです。稽古のはじめに行なうだけでなく、一人稽古としてもとても有益です。空き時間を利用して自分一人でできて、しかも地力を養えます。素振りを習慣化することが大切です。

正しい握りができていないと正しく振ることはできない

剣道は構えが重要であることは周知の通りですが、素振りを行なう上で、もっとも注意をしなければならないのは竹刀の握り方です。

東海大札幌高校では素振りを行なう際、生徒たちに木刀、もし

素振りを行なう前に構えができているかを確認する

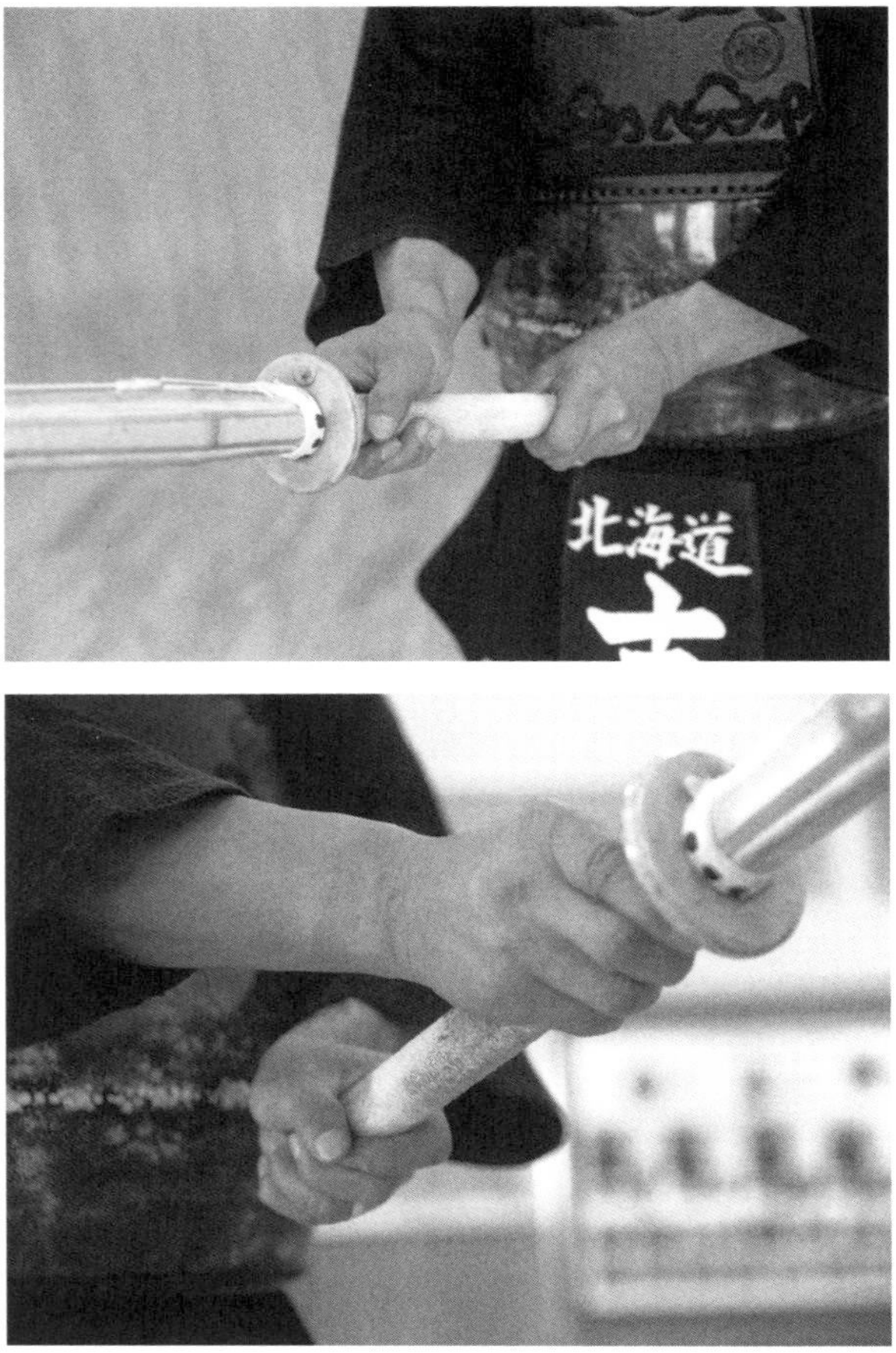

とくに竹刀の握り方は重要であり、上から正しく握ることができなければ、正しい素振りはできない

くは模擬刀で素振りをさせることもありました。正しい握り方を身体で覚えてもらうためです。

竹刀は上から正しく握るように指導していますが、握りが悪いと打突に冴えは生まれません。木刀や模擬刀は柄が楕円であるため、握る時にさほど意識しなくても正しく握ることができます。しかし、竹刀の場合、柄が丸いために、その感覚が理解できず、自分が握りやすい方法で竹刀を握ってしまうことが少なくありません。

横から竹刀を握ると竹刀に力が伝わらず、正しい打突ができません。肘・手首・手の内の力の関係が不調和になり、その結果、滑らかな技の始動ができなくなり、剣先が意味なく無駄に動いてしまいます。刀を振ればわかりますが、しっかり力が伝わっていれば剣先は「ビュッ」と小気味よい音を立ててくれます。刀を振る機会は多くはありませんが、自分の剣道を高めるためにも、刀を握る機会をつくってほしいと思います。

体移動はすべてすり足で行ない、つま先を上げない

素振りはすべてすり足で行ないます。剣先に力を伝えるために必要なのは、無理や無駄のないスムーズな足運びですが、とくに腰の位置を意識しながら、頭の高さを変えず、前進する際、後退する際にも平行移動することが大事です。

素振り

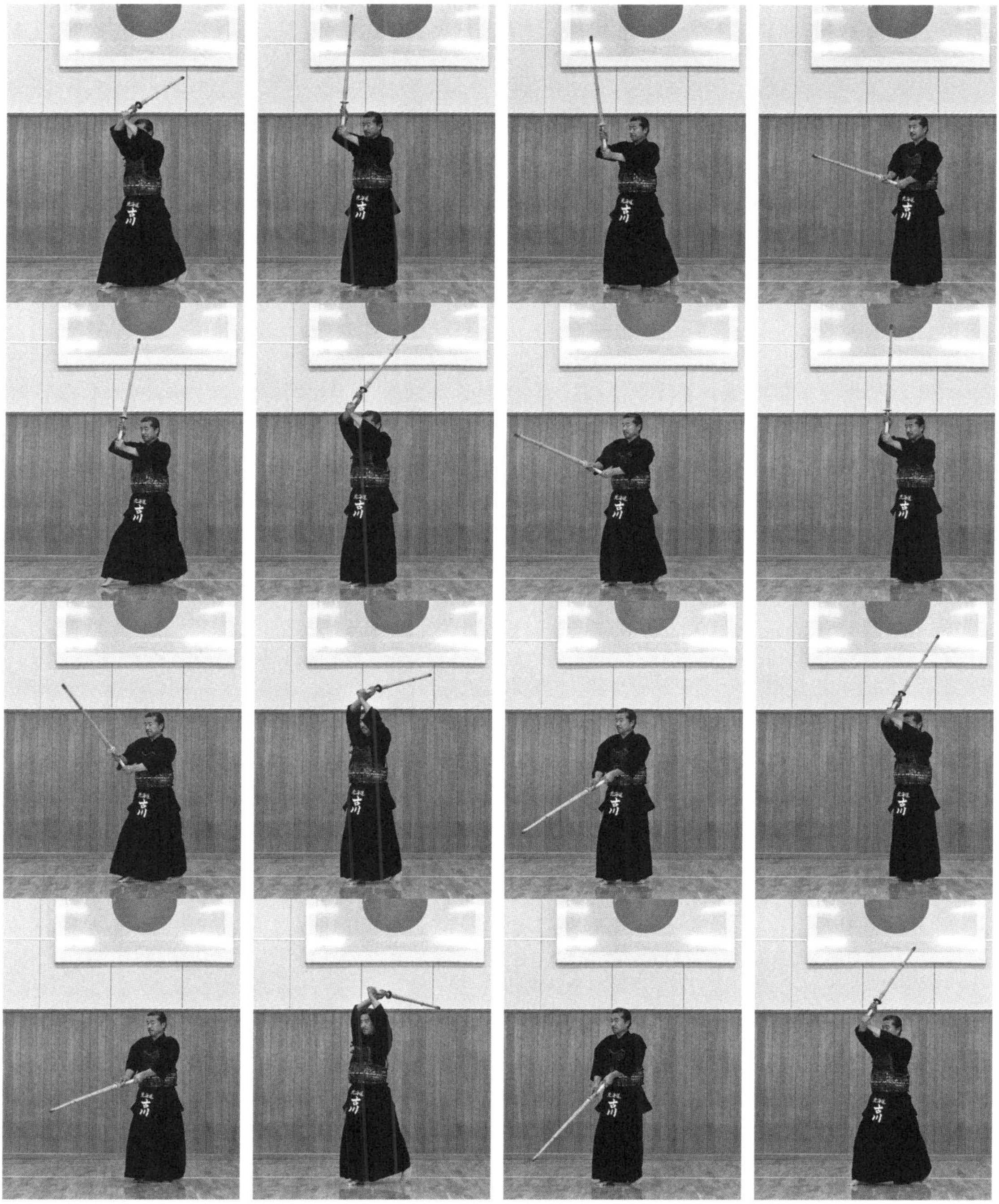

素振りは頭の高さを変えず、前進する際、後退する際にも平行移動することが大事

素振りは竹刀を振る動作が伴いますので、どうしても上半身に意識がいき、肩に力が入りやすくなります。上半身に力が入ると、「上虚下実」の構えがつくれなくなり、下半身が不安定になります。上下動も大きくなり、前進時はつま先が上がりがちです。相手に足の裏を見せている状態では頭の高さが変わり、スムーズな移動ができません。

後退の際も上半身に力が入ると、指先が上がり、左足の踵が床についてしまいます。これでは「死に体」であり、実戦では居つきにつながってしまいます。相手の動きに対応できませんので、素振りから足の裏を見せない、踵は床につけないことを意識しながら行なうことが大切です。

昨今、床の材質により送り足がしにくいこともありますが、正しい剣道は正しい足運び抜きには成立しませんので、素振りの段階で意識します。

開き足を自在に遣うと二の太刀、三の太刀を出せる

素振りは実戦に直結するように行なわなければ単なる運動になってしまいます。例えば正面素振りは相手の顎元まで打ち切ることを心がけますが、そのような素振りを実践することで、力強い冴えのある一本を打てるようになります。

その際、左足を軸足として右足を送り出したのち、素早く左足を引きつけますが、左足の引きつけが早いと、実戦では技に締まりが出てきます。竹刀を振ることはもちろん大事ですが、正しい足運びを心がけることはさらに大事です。

素振りには開き足を用いる左右素振りもあります。開き足は相手の打突に対して間合を調整しながら、かわして打突する足さばきです。右に開く場合は右足を斜め前（後）に開いて左足を右足に引きつけ、左に開く場合は左足を斜め前（後）に開いて右足を左足に引きつけますが、これは応じ技で使う足運びです。

また、開き足は相手の打突をかわして打突に転じる足さばきですので、技を出したあと、相手より早く振り返り、二の太刀、三の太刀を出す稽古にもなります。実戦では初太刀で技が決まることはあまりありませんので、素振りでいつでも技を出せる足さばきを身につけます。

素振り

開き足は、相手の打突をかわして打突に転じる足さばきであり、素振りをする際もそのことを意識すること

引き技

丹田に力を込めて正しい鍔ぜり合いから崩す

本来、鍔ぜり合いは打つか打たれるかの危険な状態である

試合時間の大半を鍔ぜり合いに費やされる現状から高体連では「10秒ルール」、警察剣道では「5秒ルール」などグラウンドルールを適用して積極的な試合を行なう取り組みがなされて久しくなります。私もながく高校生を指導してきましたが、試合開始直後、鍔ぜり合いになってしまう現状をなんとか是正できないものかと思い、指導に取り組んできました。

そもそも、なぜ鍔ぜり合いになるのでしょうか。本来、鍔ぜり合いとは相手と至近距離になるため、打つか打たれるかの大変危険な状態であるはずです。しかし、実際には「打たれたくない、休みたい」という気持ちから安易に相手と接近するような鍔ぜり合いとなっています。ボクシングの「クリンチ」のような状態です。そのような鍔ぜり合いには切羽詰まった緊迫感はなく、当然、有効となり得る技も出ません。

鍔ぜり合いはただ時間を浪費するだけのものではありません。積極的に打突の機会を見出すものなのです。

そもそも鍔ぜり合いは現在のように長い時間をかけて行なわれるものではありませんでした。相手と一足一刀の間合で攻め合う中で、どちらかが技を仕掛けた際に間合が接近し、防御をとった際に生じるものです。よって攻防はそこで途切れるものではなく、相手が防御態勢になった瞬間が打突の機会となります。とくに相手が鍔ぜり合いを休憩時間と勘違いしていれば、心に隙がありますので、打突の機会であることは明白です。

鍔ぜり合いから打突の機会を生み出すには、丹田に力を込め、自分が優位な体勢をつくることです。丹田に力を込めることは、鍔ぜり合いに限ったことではありませんが、丹田に力が入っていれば、体当たりで相手を崩すこともできます。左手・左腰・左足を意識して丹田に力

鍔ぜり合いはただ時間を浪費するだけのものではない。積極的に打突の機会を見出すこと

を込め、優位な状態をつくるようにします。鍔ぜり合いは休憩時間ではないのです。

鍔と鍔がしっかりと合わさっているのが鍔ぜり合い

正しい鍔ぜり合いを行なうには、正しいかたちを理解する必要があると思います。「鍔ぜり合い」とは読んで字のごとく、自分の鍔と相手の鍔が競り合っている状態です。拳と拳ではありません。わかりやすいかたちとしては、お互いが一足一刀の間合で構え合った状態から間合が詰まり、鍔と鍔が合わさった瞬間です。竹刀ではイメージがつくりにくいこともありますので、私は居合刀でその場面をつくり、高校生に示すこともありました。

間合が詰まり、鍔ぜり合いになったときはお互いが丹田に力を込め、身体全体でせめぎ合いを行なうようにします。鍔ぜり合いは押し合いではありません。ことさら腕の力で相手を押さえる必要はありません。無駄な力が入ると、自分の体勢が崩れやすくなります。相手を崩すことよりも、自分の体勢を保持することが、相手に圧力をかけることになります。

相手の鍔に自分の拳を乗せているような状態、裏交差から相手の竹刀を制しているような状態などは不当な鍔ぜり合いとして反則となります。また、打たれるのを嫌って鍔ぜり合いに持ち込むような行為も反則です。正しい鍔ぜり合いとはどんな状態かを理解することが大切です。

本来の鍔ぜり合いは鍔と鍔が合わさった瞬間であり、丹田に力を込め、身体全体でせめぎ合いを行なうこと

拳と拳を合わせない

鍔ぜり合いは相手の反応を利用して崩して打つ

剣道では攻めて相手を崩さなければ打突の機会は生じません。鍔ぜり合いにおいても、それは一緒です。崩し方については相手の状況に応じて変わってきますが、剣道は上を攻めて下、下を攻めて上、裏を攻めて表、表を攻めて裏などの方法があります。その定石は鍔ぜり合いにおいても同様ですが、とくに相手の反応を利用することが大切です。たとえば引き胴は鍔ぜり合いから相手の鍔元を押さえ、それをきらった相手が手元を上げた瞬間、空いた胴を打つことがひとつの方法です。空いたところを打つのではなく、相手の反応を利用して崩して打つことが大原則です。

鍔ぜり合いはもっとも接近した状態での攻め合いです。切迫し

相手の反応を利用して引き胴を打つ

ている状態であればあるほど、こちらが押せば押し返して返してくるはずです。こちらの圧力が伝わっていれば、相手は敏感になるものです。相手に圧力をかけ、わずかな隙でも察知したら瞬時に技を出せるように準備しておきます。ただし、相手も同じことを考えていますので、絶対に崩れないという気持ちで丹田に力を込めて対峙することが大事です。

適正な姿勢を保持して自分が崩れて打たないこと

試合・審判規則第12条に「有効打突は、充実した気勢、適正な姿勢をもって、竹刀の打突部位で打突部位を刃筋正しく打突し、

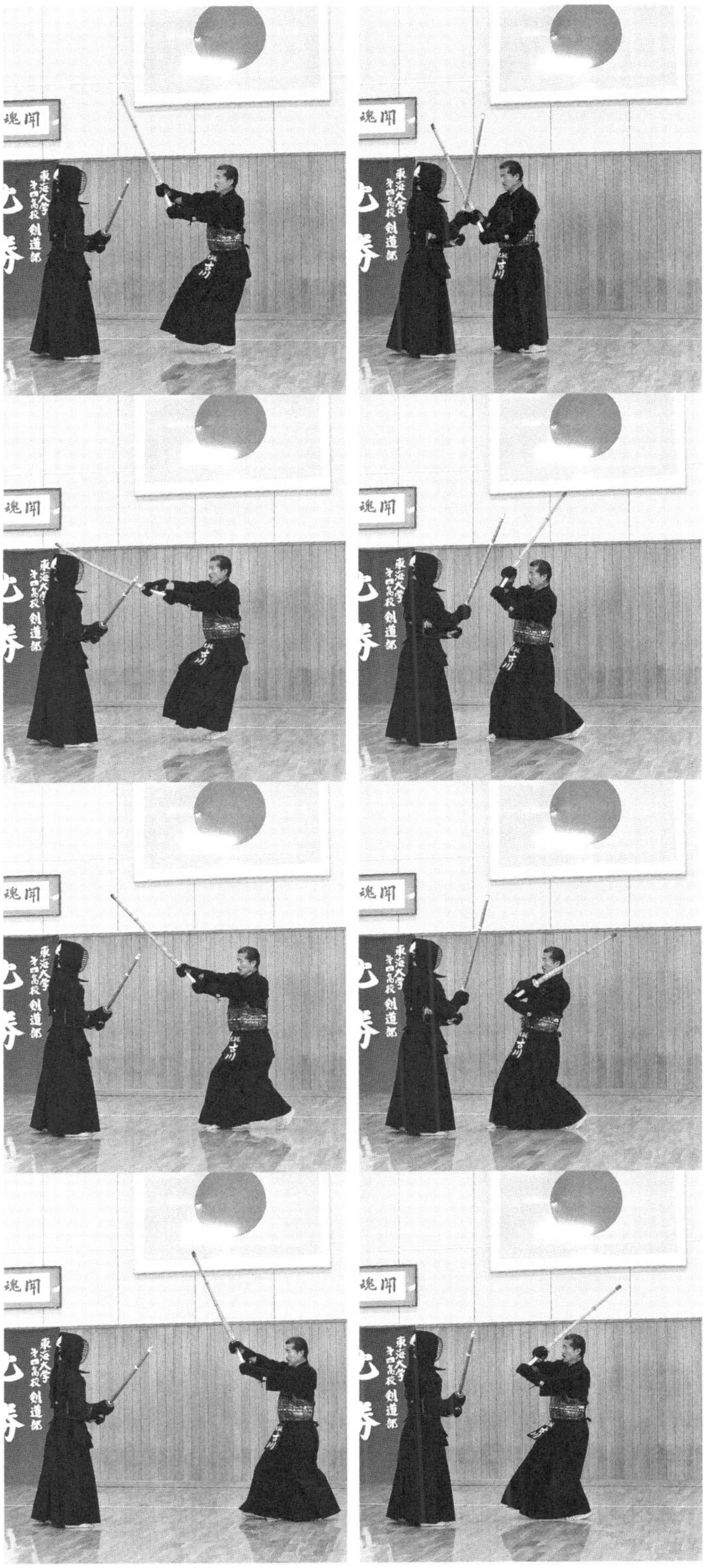

鍔ぜり合いからの技は姿勢が崩れやすい。適正な姿勢を保持して自分が崩れて打たないこと

残心あるものとする」とあります。鍔ぜり合いからの技ではとくに姿勢が崩れやすくなりますので、注意が必要です。

鍔ぜり合いをしている間、常に優位な体勢を保持しておくことは簡単なようでとても難しいことです。どうしても「打たれたくない」という気持ちが強くなり、自分から姿勢を崩して打ってしまいがちです。

「打たれたくない」という気持ちを抱いて放った技は姿勢が崩れやすく、たとえ部位に当たっても一本にはなりにくいのは周知の通りです。

また、鍔ぜり合いは長く行なえば行なうほど、相手も警戒心が強くなって隙がなくなってしまいます。どちらも技が出せない膠着状態が起きます。鍔ぜり合いから技を出す好機は鍔ぜり合いになった一瞬です。この一瞬を的確にとらえられるように日頃から稽古を積むことが大切です。

応じ技を身につける

相手の心の動き、癖を情報として蓄積していく

勝って打つ剣道

待っても打っても遅いことを理解していても遅れてしまう理由

応じ技は、相手の技を応じ、その力を利用して打つ技のことです。対人競技である剣道において、応じ技を習得することは剣道の幅を大きく広げることになります。現象面では相手が出てくる、その動きに対して反応するものであり、その意味では出ばな技も、この範疇に入るものとして説明したいと思います。

相手の技を応じるには、まず相手を動かすことが必要不可欠

応じ技は相手の動きに対して対応していくものですが、応じ技の稽古においては、この「相手の動き」ということをなかなか意識できないところに、応じ技を習得する難しさがあると考えています。例えば面すり上げ面は相手が面を打ってくるところを表鎬、または裏鎬を遣ってすり上げて面を打つ技です。教本にも表現の違いが多少はあるにせよ、そのように記されています。しかし、実戦でこの技を決めるには、相手にこちらがすり上げることができる面を打たせないと技は成立しないのです。

実戦では互いにしっかりと構え合った状態で面に跳び込んでくるでしょうか。隙を感じられない相手に対しては容易に打ってくることはないはずです。

よって相手の技を応じるには、まず相手を動かさなければならないのです。このことを理解していないと、応じ技を習得することはできません。相手を動かすとは、相手を崩すことです。相手を崩し、こちらの意のままに相手に打ち込ませることによって、その動き、打突に対するすり上げ技、返し技、または出ばなをとらえることができるのです。ただ相手の技を応じるようと待っているだけではどんな技がくるかも予測がつきませんので、その技への対応が必ず遅れます。そうなってはなかなか一本とはなり得ません。待って応じるより、出て応じることを心がけることが大切です。

しかし、実戦ではそのことを理解していても、なかなか実行には移せないものです。「応じ技は反射で打て」と教えているように身体で打たなければ間に合いませんが、普段の稽古から相手を動かす、崩すという意識を持って稽古することが大切です。単に打ち気を見せるだけでは相手は警戒心を強めてしまいます。大事なのは剣先と剣先の攻防の中で自分の気を相手にぶつけ、相手の心の動き、癖を自分の中に情報として蓄積することが大切です。人はそれぞれ剣風があり、十人十色です。癖を読み切り、攻め方を考え、相手に気づかれないように誘いをかけることで、こちらはいつでも対応できる状態をつくることができます。この状態をつくれれば遅れることなく対応でき、遅れたということは、その状態をつくることができなかったと考えるべきです。

情報を蓄積するには出稽古が最適です。自分の稽古場所で身につけたものを色々な先生方にお願いし、打たれて、なぜ打たれたのかを考えることが、一番の近道だと考えています。さらに打たれた技を自分で真似をしてみてタイミングを覚え、感覚をつかみ、多くの技を自分の身体に刻み込んでおくことで、それが自分の技となるはずです。とくに応じ技は相手の癖により通用しないものがありますので、より多くの人と稽古をすることが重要となります。

出ばな面・小手　相手が技を出さざるを得ない状況をつくる

出ばな面は相手を誘って引き出す技です。間合が近いと相手の勢いに負けてしまう可能性がありますので、やや遠い間合から相手を引き出すような気持ちで相手を動かし、その出ばなをとらえるようにします。出ばな面はとくに相手をこちらのペースに引き込むことが重要です。間合取りでは交刃の間合から打ち間に入るところに注意し、相手を飲み込むような気持ちで対峙することが大切です。相手に合わせようとすると打突動作が遅れ、右斜め前に身体が流れやすくなります。正面を割る気持ちでまっすぐ打ち抜くように心がけます。

相手が打とうとした瞬間をとらえる出ばな小手は、もっともシンプルで効果的な技ですが、この技も相手の打ち気をこちらから引き出さないと成功しません。相手の右拳を攻めて「どうぞ面を打ってください」といった気持ちで間合を詰めます。こちらの攻めが効いていると、相手の手元が思わず浮きますので、そこを瞬間的にとらえるようにします。

小手は相手の剣先を越えて打つことが原則ですが、手元の上がり方によっては剣先の下から打つこともあります。下から打つと姿勢は崩れやすくなりますので、背骨を伸ばすような気持ちで打ちます。

出ばな小手

出ばな面

面すり上げ面

鎬を遣って半円を描いて最短距離で打つ

面すり上げ面

すり上げ技は、自分の竹刀が相手の竹刀の鎬に触れた側から打つ技です。表からすり上げる場合と裏からすり上げる場合があります。すり上げる方法は、竹刀の打突部の鎬を遣いますが、この鎬の遣い方がもっとも重要なことは周知の通りです。

鎬を遣う上で心に留めておかなければならないことは、肩の力を抜いて自然体で行なうことです。相手の竹刀をすり上げることを意識しすぎると必ず無駄な力入ります。無駄な力が入ると払い上げるようなかたちになり、動作が必要以上に大きくなってしまいます。面すり上げ面の原則はまっすぐに振り上げて相手の竹刀をすり上げ、まっすぐに振り下ろすことです。体さばきが伴いますので、横に動いているように見えますが、竹刀の軌道は上下動です。木刀には鎬があるので、意識しやすいですが、木刀と同じような気持ちでわずかに半円を描くようなイメージですり上げて打ちます。

「竹刀は刀のように扱いなさい」と教えていますが、稽古で木刀や居合刀を手にする機会はよほど意識しないと作れません。応じ技の習得のためにも木刀を用いた稽古もすすめます。

面返し胴　腰の移動で圧力をかけて面を引き出す

面返し胴は昇段審査でもっとも頻度の高い応じ技の一つと言えるでしょう。しかし、審査で評価されるような返し胴を打っている受審者はなかなかいません。審査ではほとんどの受審者が面を打ちたいと考えて機会を探っています。そして、ほとんどが初太

面返し胴

刀に面を出しますので、そこを予測して返し胴を打つ受審者が少なくありません。このような打ち方は、攻めて崩すという手順がないものがほとんどで、いわゆる待って打った状態です。たとえ部位をとらえたとしても、審査員に響く技にはなりにくいでしょう。

相手を動かして崩すには、腰の移動で圧力をかけることも有効です。竹刀を握った上半身の構えは崩さず、にじり寄るような感覚で相手に近づきます。大きな壁が迫ってくるような感覚です。そこで圧力をかけ、相手が面を打とうと思ったところで一瞬、剣先をゆるめると面を打ってくることがあります。相手の竹刀が打突部位をまさにとらえようとする瞬間を返すことができれば相手は防御をすることはできません。胴は体さばきが伴いますので、どうしても姿勢が崩れやすくなりますが、常に優位な状態を維持できれば、余裕をもって対応することが可能となります。

応じ技を身につける2

応じ技に直結する切り返しを実践しているか

切り返しを姿勢正しく行なうことで冴えのある応じ技が習得できる

前章に続き応じ技の習得についてお話をしたいと思います。応じ技の習得法というと元立ちが面や小手を打ち、それに対して掛かり手が返し技やすり上げ技を打つ約束稽古が想像されます。もちろん、技の習得法として効果的なものであることは間違いありませんが、わたしは切り返しに応じ技習得の原点があると考えています。

切り返しは初心者から上級者まで習熟度に限らず、どの道場や学校、大会会場などに行っても稽古の最初と最後に必ずと言っていいほど行なわれていますが、準備運動的な意味合いとして実施していないでしょうか。しかし、切り返しはただ単に身体を温めるものではなく、「切り返しは剣道の基本がすべて詰まっている」という説明を一度は耳にしたことがあると思います。

切り返しの効果については高野佐三郎先生の著書『剣道』において「切返しは剣道を学ぶものに欠くべからざる練習法なり。これによりて前後左右の進退を軽捷にし、身体手脚の力量を増し、その動作を軽妙自在にし気息を永くし斬撃刺突を正確自在ならしめ、心気力の一致を致し、いわゆる悪力あるものは悪力を去り、力足らざる者には力を増し、左右の腕力を平均に発達せしめて表裏の撃ち方を均一にし、もってよく電光石火の妙技を施し、永く労苦困憊にも堪うるの基礎を養い得べし」と記してあります。

切り返しは正面打ちと左右面の連続打ちで成立していますが、面返し面、面返し胴など、応じ技は切り返しの動きから応用できます。

応じ技は打突する際に姿勢が正しくなければ正確な打ちを出すことはできません。切り返しの要領は「大強速軽」といわれていますが、これは正確に行なうことが前提です。

ここでは小手に対する応じ技の説明をしたいと思います。

切り返しに応じ技習得の原点がある

小手すり上げ面

すり上げる動作は円運動。最小限の動きで打つ

小手すり上げ面

小手すり上げ面は表裏のどちらかの鎬を使って打ちます。とくにすり上げ技では鎬の使い方が生命線であり、技の成否を分けます。小手に対するすり上げ技は、面に比べて相手の動作は小さく鋭いので、すり上げる動作も素早く行なうことが求められます。すり上げることばかりにとらわれると無駄な力が入りますので、面に対するすり上げ技と同様、まっすぐ振り上げてすり上げ、まっすぐ振り下ろすことを意識します。

　すり上げる動作は円運動ですが、最小限の動きで相手の竹刀をすり上げるには、右手をわずかに動かすような気持ちで行なうと無理のない動作

になると考えています。
すべての応じ技に共通することですが、とくに小手すり上げ面は、小手を中途半端に打たせないことが大切です。充分に打ち切らせ、決まったと思った瞬間にすり上げると、相手は防御できません。

こちらが勝った状態で、相手の打ちを引き出し、さらに相手にはしっかりと打ち切らせないといけないので、難しい技ではあります。しかし、先の気持ちで攻め続け、相手を崩して引き出すことができれば運に左右されない読みとして相手を打つことができるはずです。

相小手面　乗るような気持ちで出小手を誘って打つ

相小手面は、相手の小手に対して、こちらも小手を打ち、さらに面に乗っていく技です。先の気持ちを持って攻め、構えの崩れ

相小手面

を察知して打つのが跳び込み面ですが、小手を打たれる危険性もはらんでいます。この技は、小手を狙われた際、小手・面と打つことで、相手の小手を打ち消し、面に乗ります。

この技は「溜め」が重要になります。溜めがあることによって、相手の小手を読むことができ、対応可能となります。そのためにも左足、丹田に力が溜まっており、いつでも打ち込める準備ができていないといけません。基本に忠実な体さばきや足さばきができていることが前提条件となりますので、地道な一人稽古も必要となるでしょう。

この技は、相手の動きをよく見て小手を狙った瞬間に技を出さないと、自分から相手に隙を与えることになってしまいます。相手の技を引き出したのか、それとも引き出されたのかは紙一重ですが、相手に圧力を加え、攻め崩して打突を誘発するようにします。

繰り返しになりますが、相手の技を待っていても、打突が有効になる確率は皆無です。

小手抜き面　相手の打ち気を誘い出して空を打たせる

小手抜き面は、小手を狙ってきた相手に空を打たせて、そこにできた隙（面）を打つものです。抜き技は距離で抜く場合と方向で抜く場合の二種類ありますが、この技は方向で抜くものです。相手が技を出したときには瞬時に反応していないと技は成功しません。いつでも対応できる体さばきを身につけておくことが重要になります。

相手が小手を打ち、前方に抜けていきますので、こちらは後方にさばきながら面を打つこともあります。試合などではあまり見ることのない技かもしれませんが、指導稽古などでは体さばきを駆使して使うようにしています。

応じ技は仕かけていく技に比べ、相手の技に対応しなければなりませんので高い技術が要求されます。しかし、高い技術というのは、難しい技術という意味ではありません。剣道の技術は、基本を積み重ねていった結果、高度な技を扱える技術も身について

小手抜き面

いくと考えています。

一般愛好家は技の研究をする時間がどうしても少なく、いま現在、自分が身についている技だけで勝負せざるを得ない部分もありますが、自分に課題をつくり、技を増やしていくのも、剣道を修練していく上で大切な事項と考えています。

上段対策

身の入りが大切。相手を迷わせて突く

速さよりも、迷わせるか。間合の入り方を工夫する

対上段対策は、速く技を出すことよりも、迷わせるか、が重要。うまく打ち間に入る「身の入り」を工夫する

昨今は昇段審査においても上段を執る受審者が増えてきました。そのため普段、上段と稽古をする機会がない方でも、本番で対戦する可能性はあるということであり、その意味でも対上段対策は勉強しておくべきでしょう。

対上段には突き技が有効ですが、中段を執る相手に対して巧みに突くことができても、上段を執る相手には上手に突くことができないのは、面に乗られるのを恐れていることがひとつの原因だと考えられます。

上段は手元を上げて構えていますので、技を出すときは原則、竹刀を振り下ろすのみです。そのことを意識しすぎると、少しでも速く突こうとしてしまいます。そうなると、小手先の技になりがちで、有効打突とは認められにくくなります。

そもそも身構えた人間は瞬間的な動きに反応しようと集中していますので、上段を執る相手は、瞬間的に放たれた突きには反応しやすいのです。ところが、相手との呼吸を計り、スーッと入ってくる竹刀に対しては、一瞬見てしまうことがあります。突きにくるのか、面にくるのか、または小手にくるのか、と瞬間的に迷いが生じるのです。上段を執る相手には迷いを生じさせることが、まずは大切になります。

対上段対策は、速く技を出すことよりも、迷わせるか、です。

うまく打ち間に入り込んで迷わせる、「身の入り」がもっとも大切です。

間合を詰めるので、出ばなを打たれる危険性が生じます。しかし、その手順なしには相手に迷いを生じさせることはできません。数センチでも入ることができれば、打ち切った技を出しやすく、たとえ外れたとしても、二の太刀につなげることができるはずです。

入ったときに迷いを生じさせるために、「仕込み」をしておくようにしています。「ここまで入れば相手は迷う」という関心を得るためにも伏線を張っておくのです。突くと見せて小手、突くと見せて面など、こちらにはどこでも攻める用意があるということを意識させます。そうすることで相手に迷いを生じさせるのです。相手を迷わせることができれば、半分成功です。居着けば突く、突きがくると思って手元を下げれば面を打つことができます。小手を警戒して手元を開けば、突き、あるいは小手を狙ってもよいと思います。

上段対策ではとくに、相手の剣風を把握することが大事です。剣風をつかむといっても欠点や癖をつかんでそこに突破口を見出すのではなく、相手の長所や得意技を探ることです。私も含め、ギリギリの攻防になれば、得意技で勝負をするものです。それを逆手に取って勝負をかけるのです。そこに剣道の素晴らしさがあると考えています。

突きと左小手を攻める。応じ技で迷う気持ちを誘発させる

多くの上段は出ばな技を狙っています。こちらの動こうとした瞬間に照準を合わせています。その技を出させないためにも身につけたいのが応じ技です。相手が打ち込んできた技に対して防戦一方になると、相手に勢いを与えてしまいます。しかし、相手の技に対して応じ技で応じることができれば、それが一本にならなくても、相手は応じ技を恐れて容易に技を出せなくなります。「ここで打ったらすり上げられるのでは…」という恐怖心を与えるのです。

私が対上段の技で理想としている技が、面すり上げ面、面返し面です。上段の攻めを我慢して、面に来たらギリギリのところで面を打ちます。

「打ったら応じられる」と相手に感じさせることができれば、相手は容易に技を出せなくなりますので、こちらの攻めに対しても反応するようになります。

基本的に上段に対してはまず突きと左小手を攻めていきます。突きを警戒すれば構えを下ろし、小手を警戒すれば手元を上げる

か、下げて防ぎますが、一流選手は簡単に構えを下ろしません。そして狙い澄まして技を出してきますので、そこで応じることができれば、優位に立てることになるのです。

応じ技で、相手を動揺させる

身の入りで間合を詰め、相手の迷いに腰を入れて突く

片手突きは、諸手突きと同じように腰を入れて突く

片手突きは上段に対して有効な技の一つですが、上段は突き垂をこちらにさらして構えていますので、簡単に突くことはできません。

突く際は冒頭でも説明しましたが、突くと見せて小手、突くと見せて面を打つなどして、どこでも打つという気持ちで相手を攻めます。そうすることで相手を居着かせるのです。

片手突きは諸手突きよりも遠くから相手を突くことができますが、剣先がぶれやすく、正確に相手を突くことは容易ではありません。

上段に対しては面をかばうように頭を下げながら突くようにしている場面を見受けま

すが、それは正しい突き方とは言えません。片手突きも諸手突きと同じように腰を入れて突くことが大事です。左拳を中心から外さず、諸手突きと同じように竹刀を出しながら右手を放し、相手の喉元を突きます。

突いたときに左拳が中心から外れると、手元が浮いてしまいます。左拳は身体の中心におき、突き垂れに向かって一直線に竹刀を出しながら、身体全体で突きます。突いたあとは素早く左足を引きつけて体勢を整えます。

身の入りで間合を詰め、瞬時に相手の左小手を打つ

上段の攻め方は、剣先を左拳のあたりにつけ、相手の打突に応じやすいように手を少し前に出します。そこから基本的には右に回りながら機会を探りますが、少しでも右斜め前に移動することができれば、間合を詰めることができます。

左小手は、構えた左小手の20センチから30センチ後方を狙うつもりで打つ

小手を打つときは、構えた状態を維持し、竹刀の振り幅を小さくして鋭く打ちます。振り幅が大きいと相手は、その動きに呼応して、抜き技で対応してきます。

私が左小手を狙う際は、上段を構えた左小手の位置から、20センチから30センチ後方を狙うつもりで打ち込むようにしています。構えた左小手の位置を狙うと、相手は容易に抜くことができます。

20センチから30センチ後方を狙うということは、そこまで間合を詰めておくということです。簡単に入れば、出ばな技の餌食となってしまいますので、細心の注意を払いながら間合を詰め、相手に迷いを生じさせるようにします。

私は上段を研究するために、自分でも上段を執って稽古をしたこともありました。また、北海道には上段を執る選手がほとんどいないので、私が上段を執って、上段対策の稽古をしたこともありました。その経験が、いま現在、役に立っていることは言うまでもありません。

一人稽古

時間に限りがある市民剣士こそ一人稽古に取り組むこと

一足一刀の間合から素直に打つために実践したい一人稽古

剣道は対人競技です。打つ・突く・かわすなどすべての動作は相手に応じて選択することが求められます。有効打突は大筋として構え、攻め合い、打突の機会と技の選択、有効打突、残心という流れで構成され、打突を有効にするには精神的には捨て身で打つこと、技術的には正しい姿勢で刃筋正しく打つことが大切になります。

精神的な要素である「捨て身」を身につけるには上懸りの稽古を積み重ねることが必要不可欠です。技術的な要素である正しい姿勢で刃筋正しく打つことは、基本稽古はもちろん大切ですが、足さばき、素振りなどの一人稽古も重要になります。

とくに稽古時間に制限がある一般愛好家は空き時間を使って素振りの実施、通勤時間などを利用して足さばきの確認などができると思います。

剣道は「手で打つな足で打て、足で打つな腰で打て」と教えています。腰で打つ剣道を身につけるには、すり足をまず充分に行うことです。

「なんだ、そんなことか」と思うかもしれませんが、左足を継ないで身体を腰ごと水平に滑らせて打つ面打ちを身につけるためには、送り足の稽古は必要不可欠です。前進後退はもちろん、左右、斜めの送り足もしっかりと行ないます。

一足一刀の間合から素直に打つために送り足の稽古を欠かさないこと

私は一足一刀の間合から足を継がないで打つ剣道を身につけたいと考え、これまで稽古を続けてきました。そして教え子たちにも、その剣道を教えてきました。

いまから30年前の平成元年、北海道で地元国体が開催されました。国体強化のための講習会に小森園正雄先生、楢崎正彦先生、岡憲次郎先生、小沼宏至先生といった錚々たる先生方が講師として招かれました。

岡先生は当時、すでに60歳を超えておられましたが、一足一刀の間合から足を継がず、腰の入った力強い打突を示範されました。

私が足を継がないで打つ剣道をめざした原点かもしれません。

私もすでに岡先生が示範された年齢となりましたが、美しく、正しく、強い剣道をいまも目指しています。

一人稽古の代表格は素振りですが、足腰を鍛えるという意味ではウォーキングやランニングも有効です。高校教員時代は生徒と一緒に走るようにしていました。また、合宿などで出張した際もランニンググッズを持参しました。足が衰えると、力強い打突はできませんので、意識して歩くことから始めるとよいと思います。

蹲踞の確認。構えの確認。蹲踞が充実すると構えが充実する

構えは剣道の基礎であり、正しく構えて稽古をすれば、その効果は何倍にもなるでしょう。反対に崩れた構えで稽古を続けていくと、悪癖がついてしまい、成長を止めてしまうことにもなりかねません。まずは正しい構えで稽古をすることを心がけることが大切です。

構えで一番気をつけておかなければならないのは、自然体で構えることです。どこにも無理や力みがなく、安定感のある構えをしていれば、こちらが攻めるときも、相手から攻められたときも柔軟な対応ができるようになります。目線は相手全体を見るようにして左腰を入れて、相手と正対して構えるようにします。

ただし、構えはある程度、だれもが気を配る項目ですので、構えとともに必ず確認してほしいのが蹲踞です。蹲踞をおろそかにすると、その後の稽古もよくありません。腰を落としながら丹田を充実させ、その気分をもって構えると、充分な状態で構えることができます。

立礼から開始線まで進みますが、このときも下腹に力を入れて、送り足で歩みを進めると重厚感が出ます。審査や試合のときだけ、蹲踞を丁寧に行なっても、なかなかできません。普段の稽古から意識して取り組むことが大切です。

素振りの基本は刃筋を意識して肩を使ってまっすぐに振ること

素振りは太刀さばきの原則的な内容を身につけるための稽古法です。素振りの意義と目的は沢山ありますが、「太刀と身体の一体的な遣い方を体得する」「打突につながる太刀筋を覚える」「打突の手の内を覚える」「足さばきを伴わせて打突の基礎となる内容を体得する」などが主なものになると考えています。

とくに意識したいことは刃筋を意識して肩を使ってまっすぐに振ることです。上下素振りが素振りの基本としているのはそのためで、中段の構えから肩を使って大きく振りかぶり、一歩前に出ながらまっすぐ振り下ろします。剣先ができるだけ大きな円をえがくように振り下ろし、左手が抜けないところまで下げます。

右手に力が入っていると竹刀の軌道がぶれてしまいますので、右手の力を抜き、振りかぶりと振り下ろしが同じ軌道を通るよう

できていると思い、できていないのが蹲踞であり、構えの確認とともに蹲踞の確認も実施したい

にします。

また正面打ちは、初心者から上級者まで、剣道を学ぶすべての者が欠かすことのできない素振りです。中段の構えから、右足を踏み出しつつ竹刀を頭上に振りかぶり、左足を引きつけながら振り下ろします。相手を想定して、顎まで切り下ろす気持ちで行なうことで、打ち切った素振りになります。

バランス感覚を養う跳躍素振り。足腰を鍛える腰割素振り

上下振り、正面打ちの素振りは社会人になっても行なうことがあると思いますが、跳躍素振り、腰割素振りは身体に負荷がかかるので、実施する機会は少ないかもしれません。しかし、それぞれ目的と効果がありますので、ケガに注意して行なうことも必要

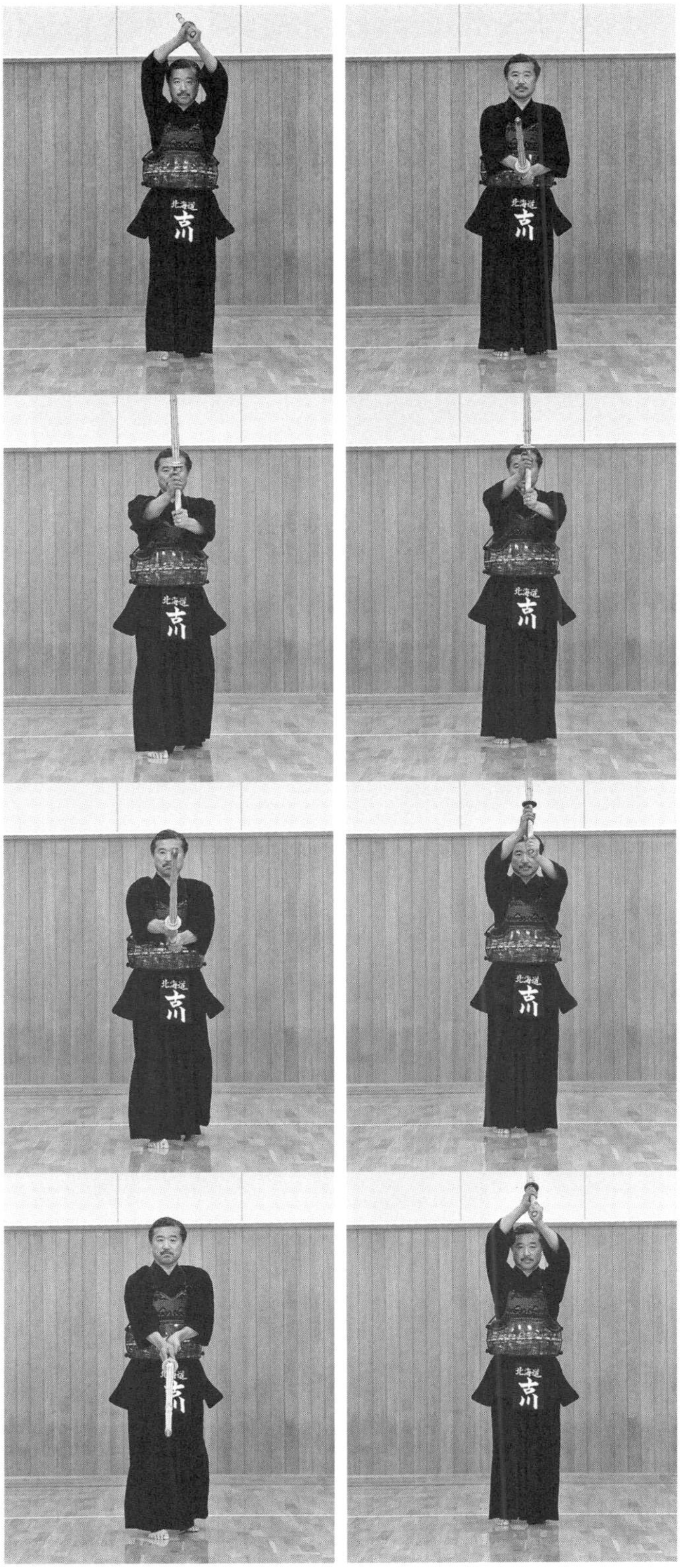
素振りの基本は刃筋を意識して肩を使ってまっすぐに振ること

です。

跳躍素振りは、前後に跳躍しながら行なう素振りです。跳躍しながら竹刀を振ることで、実戦の打突に近い感覚を得ることができ、いかなる状況でも打突できるバランス感覚を養うことができます。

中段の構えから竹刀を振りかぶり、左足を蹴り出して跳躍しつつ竹刀を振り下ろします。そして右足を後ろに蹴り出して後方に跳躍しながら振りかぶり、また左足を蹴り出して竹刀を振り下ろします。


腰割素振りは、足を広げ、その場で一本一本腰を落としながら振る素振りです。腰を落としたときは竹刀が床と水平になるようにする振り方と、上下振りのように剣先を落とす振り方があります。両足を広げ、腰を落としながら振ることで足腰に負荷がかかり、下半身を鍛えることができます。

一人稽古は文字通り一人でできます。1日5分、素振りを続ければ、20日で100分になります。地道な積み重ねが上達につながるのです。

私も空き時間を利用して一人稽古を続けています。

腰割素振りで足腰を鍛える

跳躍素振りでバランス感覚を養う

対談・古川和男の教え　栄花直輝

いつも全力で取り組む
日本一をめざす後ろ姿を追い続けた

21年前の決勝戦。北海道は愛知県と対戦。前３人で優勝を決めた。写真は中堅栄花選手が安藤選手に小手を決めた場面

大将につなげば勝てる 21年ぶりの都道府県優勝

——４月29日開催の第66回全日本都道府県対抗剣道優勝大会で北海道は21年ぶりの優勝を果たしました。

栄花　21年前の大会に出ていたのは私だけです。監督の古川先生が大将です。先鋒青木選手は生まれていないし、次鋒山田選手も1歳です。

古川　我々にとってはついこの前のような感覚があるけれど、10年一昔というから二昔も前のことになる。

優勝・北海道。木村雄一監督。先鋒より福井雅一（福井建設）、佐賀聡（札幌東高）、栄花直輝（北海道警察）、林朗（北海道剣連）、古川和男（東海大第四高）。福井、佐賀、栄花各選手は東海大第四高校出身。写真上下撮影＝徳江正之

栄花　都道府県対抗が7人制に変わってから北海道の優勝はありません。優勝することで「勝ち味」を体感できれば、それぞれ成長できますので、今回はなんとか優勝したかったです。
古川　チームは「大将の栄花につなぐ」という気持ちでまとまっていました。それぞれが試合ごとに勝利に結びつく仕事をしてくれました。優勝するときはチームが有機的に機能するものですね。
栄花　5試合すべてが大将戦でしたが、チームのテーマが「大将につなぐ」でしたので、つないでくれたからには絶対に負けられないという気持ちで戦いました。
古川　監督としての優勝は選手とは違った喜びがありました。都道府県に向けて強化稽古会を行ない、結束力を高めました。最高の結果で終わったとき、監督席で涙が出てきました。
栄花　古川先生を高校時代、監督として優勝していただきたいと思い、ずっと稽古をしてきましたが、それはかないませんでした。30年以上経ちましたが、それを実現できたことも嬉しいです。

兄英幸が打ち込まれるこんな強い先生がいるんだ

——お二人の出会いはいつになるのでしょうか。
古川　昭和54年12月、喜茂別に兄の英幸君を勧誘に行ったときですね。そのとき、かぜをひいて見学していたのが直輝君でした。
栄花　兄は高校生と稽古しても互格以上に稽古をしてていたし、先生方と稽古をしても対等に稽古をしていました。私にとって兄はとてつもなく強い存在でした。その兄を打っているのが古川先生でした。正直、古川先生がどのくらい強いのか知らなかったので、兄がボコボコに打たれている姿を見て古川先生は本当に強いと思いました。それが第一印象です。
古川　札幌で開催された世界剣道選手権大会で個人準優勝、全日本剣道選手権でも準優勝になることができました。北海道で少し古川の知名度が上がった頃でした。英幸君は私がスカウトした第一号です。優秀な選手が入学するからには私自身がもっと勉強しなければならないと考え、門を叩いたのがPL学園でした。
栄花　生徒は引率せず、先生お一人で稽古に行ったときのことですね。
古川　3日間、朝のトレーニングからすべて自分の身体で体験し、勉強しました。PL学園高校の稽古は基本に次ぐ基本。当時のPL学園高校の生徒は全国から選抜された素質に恵まれた選手ばかりでした。そんな彼らが基本稽古を徹底的に繰り返している姿を見て、衝撃を受けました。崩れず切れのある打突をめざして川上岑志先生が鍛えていました。決して勝つことだけにこだわった剣道ではありませんでした。私は西海学園高校時代に武専（大日本武徳会武道専門学校）出身の岩永正人先生に学び、東海大学では井上正孝先生、橋本明雄先生など素晴らしい先生方に指導を受けてきましたので、基本の重要性は認識していました。ただ、その認識が甘かったことを思い知らされました。PL学園で勉強してきた練習メニューを書き出し、プラスアルファを加えて新しい稽古メニューを考えてました。

栄花　私が中学校に進んだ年、兄は東海大第四高校に進みました。その関係で、私も中学時代は定期的に通うようになりました。中学時代は思うような実績を残せませんでしたが、古川先生に教えを受けることで、自分も四高に行くという気持ちになっていました。

古川　私の自宅で下宿生活だったね。

栄花　掃除・洗濯・食事など全部自分でやらなければならないので私生活もけっこうたいへんでした。

古川　生活環境が大きく変わったにもかかわらず、1年生でインターハイ予選に出て、個人戦の出場権を獲得しました。

栄花　インターハイ出場は、自分がいちばんびっくりしました。私は札幌地区予選では四高の先輩には誰にも勝っていないんです。それでも全道大会に行くメンバーに残ることができました。全道大会では先輩が私と当たる前に負けてしまい、運良くインターハイに行くことができました。

古川　インターハイでは1年生ながらベスト8まで勝ち進みました。

栄花　初めてプレッシャーというものを感じたのも、このころです。我々が3年になったときはインターハイ団体優勝を目標にしていました。同期は北海道内から有力なメンバーがそろっていましたので、このメンバーなら可能性はあると入学当時から考えていました。でも結果はベスト8で高千穂（宮崎）に負けました。私が代表者戦で負けたので、とくに印象に残っています。

古川　高千穂には今回、決勝戦で対戦した山下選手が所属していましたね。高千穂は吉本政美先生が鍛え上げ、練習試合などでもなかなか勝つことができませんでした。

栄花　高校時代は日本一をめざして取り組んでいましたが、結局日本一になることはできませんでした。ただ、高校3年間は古川先生を倒して強くなるという気持ちで稽古を続けていました。目標は古川先生、先生より強くなるという気持ちです。

古川　当時は厳しい稽古をしていたね。

栄花　いま振り返ると、古川先生は当時30歳くらい、自分も選手として必死に稽古をしていました。その取り組む姿を見ているので、稽古に取り組む姿勢が自然に植え付けられたと思います。苦しいときでも逃げないで取り組むスタイルです。先生はだれよりも稽古をするし、生徒と一緒にランニングまでしていました。出稽古でも必死に稽古を重ねるので、何事にも全力で稽古をするスタイルが身についたのだと思います。

古川　教員は、生徒を強くしたいという気持ちを優先させ、自分の稽古が甘くなる傾向があります。でも、剣道を続ける者であれば、まず自分が強くならなければならない。あの頃は生徒と一緒に稽古をしながら全日本選手権優勝をめざして取り組んでいました。

栄花　古川先生が試合をする姿は常に見ていました。

初の直接対決は24歳
全日本選手権北海道予選

――お二人が実際に公式戦で試合をしたのはいつくらいになりますか。

栄花　私が東海大学を卒業して北海道警察に入ってからです。当時、全日本選手権大会の出場資格は五段以上でした。24歳で五段に合格して、古川先生と北海道予選で対戦したのが最初です。

古川　決勝リーグで対戦したね。

栄花　私が負けました。当時、北海道は古川先生、林朗先生、佐賀豊先生、兄ととてつもなく強い先生方が鎬を削って代表の座を争っていました。先生方に勝たなければ全日本には出られないと思って一層稽古をするようになりました。

古川　全日本選手権は40歳を過ぎたくらいまでずっと挑戦していました。繰り返しになりますが、教員という立場は、剣道と関わり合っているとはいえ、とかく逃げやすいところにあります。稽古もせず、ただ指導者然として口先で指導をすることもできるわけです。でも、それではいけない。自分の剣道を高める努力をして、必死の修行を続けるのです。それが教え子たちにも伝わればよいという気持ちで取り組んでいました。

栄花　古川先生の取り組む姿勢に刺激を受けた人は多いと思います。

古川　それにしても直輝君の全日本優勝は嬉しかった。

栄花　剣道をはじめた小学校1年生のときから「剣道日本一」という夢を漠然と持っていました。私が剣道をはじめるきっかけとなったのが「日本一」という言葉なんです。兄が水戸大会に行くとき、母が「水戸の大会に日本一になりに試合に行く」と言ったことがあり、その「日本一」という響きがすごく良くて、剣道をやってみたいと思

栄花直輝

えいが・なおき／昭和42年生まれ。小学校１年生から喜茂別剣道連盟で剣道を始める。東海大学第四高校（現東海大学札幌高校）から東海大学に進み、卒業後、北海道警察に奉職する。世界剣道選手権大会団体優勝３回・個人優勝、全日本剣道選手権大会優勝。剣道教士八段。現在、北海道警察教養課所属。

いました。
古川　9回目（第48回全日本剣道選手権大会）の出場だったね。
栄花　前年度の全日本剣道選手権で宮崎正裕先生に負けてから無心で技を出せるように稽古を重ねていました。
古川　その宮崎先生と決勝戦を戦い、最後は小手を決めました。あの小手は狙って打てるところではない。身体が自然に反応した無心の一本でした。
栄花　私は兄のように身体が大きくありません。強くもない自分がどうしたら勝てるだろうかと考えたとき、コツコツあきらめないで続けていくしかないと思いました。この北海道でこつこつとがんばる…。稽古は、強い人にお願いすることは必要ですが、相手が小学生でも、稽古をすれば勉強になることがあります。問題は稽古の質と考え、気持ちの持ち方さえしっかりしていれば実力はつくと信じて取り組んできました。

強く、正しく、美しく理想の剣道を求め続ける

――お二人の剣道観のなかには「強く、正しく、美しく」というキーワードがあると思います。
古川　私は一足一刀の間合から足を継がないで打つ剣道を身につけたいと考え、これまで稽古を続けてきました。何度か紹介していますが、岡憲次郎先生の示範がきっかけです。岡先生は当時、すでに60歳を超えておられましたが、一足一刀の間合から足を継がず、腰の入った力強い打突を示範されました。
栄花　はまなす国体の強化ですね。私は大学生でしたが、強化選手に加えていただき、全国各地で稽古をさせていただきました。
古川　相手を打つには攻め崩すことが大切ですが、攻め崩して機会が生じたときには技を出していなければなりません。技を出すには足ができていなければならず、いまでもすり足の稽古を欠かさないのはそのためです。
栄花　相手の技を避ける際にも上体を反らして避けたりするのではなく、足さばきでしっかり間合をとってさばけば、そこから技につなげることができます。やはり正しさを求めていくことが大事ではないかと思います。勝ったから正しいのではなく、正しさを求めていくと強くなれると信じて、稽古を続けています。そして最終的にその剣道が美しいと感じていただければ最高です。
古川　自分が正しくできていると思っていてもできていないのが剣道です。例えば素振りひとつとっても難しいものがあります。素振りは剣先が生きていることが非常に大切です。そのような素振りをするには足さばきを良くすることです。こうした細かい点に注意を払って稽古を重ねることで実力がついていくのだと思います。
栄花　自分の姿は自分で見ることはできませんので、素振りをするときは鏡の前に立つこともあります。鏡に映った自分のクセを修正することもできます。振り上げ方、振り下ろし方など確認する項目はたくさんあります。

「生涯剣道を実践するために大事なのは基本です」

古川　足をおろそかにしたまま一所懸命手先だけで素振りをしている人がいますが、それでは本物の力はつきません。体の移動をともなってはじめて剣先は力を得ます。身体全体を使ったスムーズで大きな素振り。これを意識すれば剣道はもっとよくなるはずです。

栄花　先生はいまでも素振りなどの一人稽古を欠かさないし、ときにはランニングをしているそうですね。

古川　生涯にわたって剣道を続けていくには健康管理をふくめて気をつけなければならないことがあります。技術面ではやはり基本の追求に尽きると思います。正しい基本とは合理的な動きを身につけることであり、70歳を超えた高齢の先生方が若手剣士と稽古ができるのは、長年にわたって身につけた技術があるからでしょう。生涯剣道を実践するために大事なのは基本です。

栄花　私は古川先生の稽古に取り組む姿を見て、自分もやらなければならないという気持ちで稽古を続けています。北海道の剣道を先生ともっと盛り上げていきたいです。それが剣道の普及発展につながればと考えています。

対談・古川和男の教え　栄花英幸

基本を徹底して学んだ高校時代
剣道の基本が人生の基本につながる

はじめての生徒勧誘 ここから歴史が始まった

古川　英幸君に初めて声をかけたのは昭和54年に札幌で開催された世界剣道選手権大会のときです。私も日本代表の一人として個人戦に出場したのですが、当時、25歳です。東海大第四高校も無名の存在でした。当時、英幸君は北海道では無敵の存在で、どうしても彼には四高に来てもらいたいと思っていました。

昭和56年度玉竜旗高校剣道大会３位。古川和男監督。先鋒から佐賀聡、菅野直仁、先本一彦、原田之彦、栄花英幸、和田恭一、安藤裕之

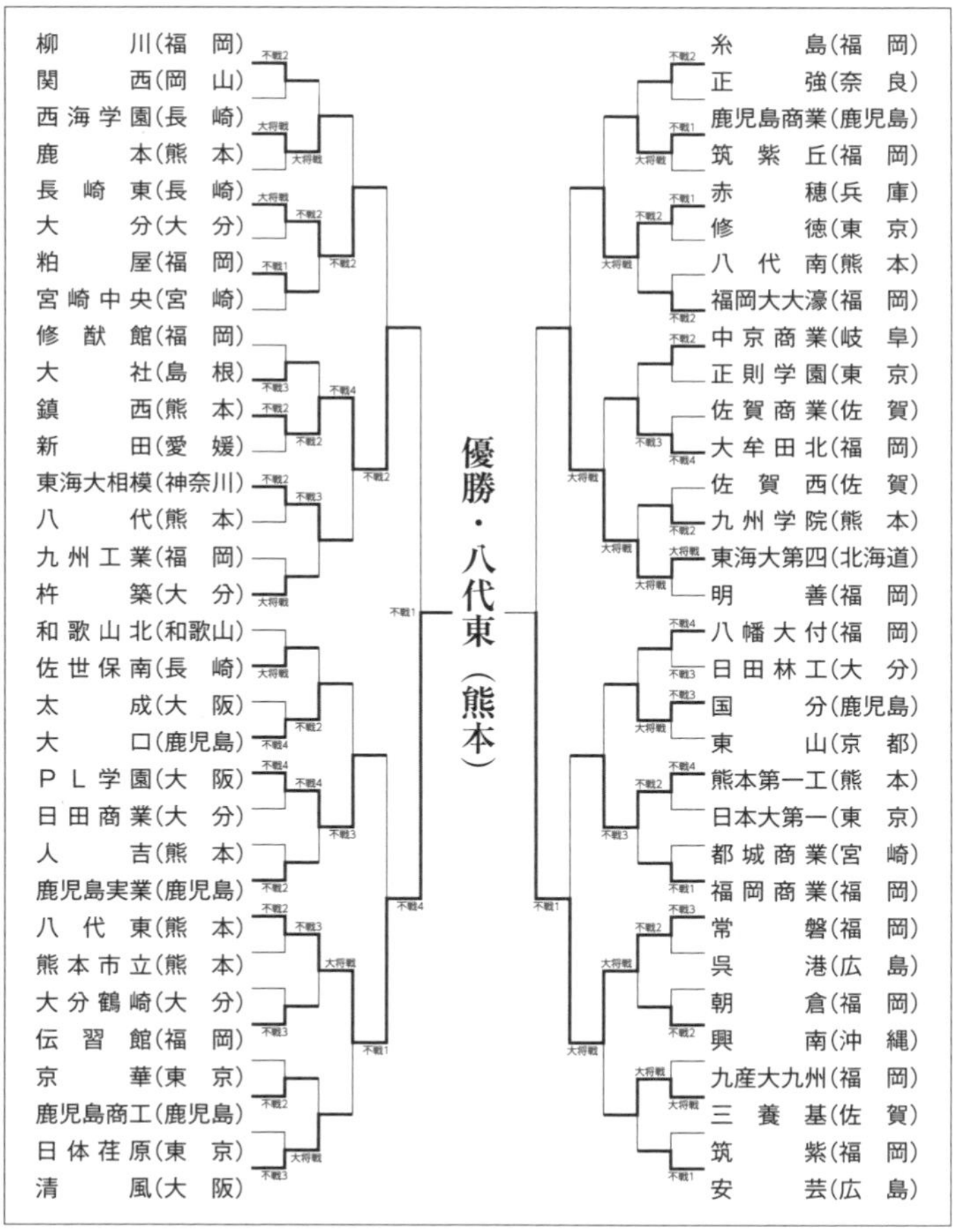

昭和56年度玉竜旗高校剣道大会
昭和56年７月26日㈰～28日㈫●福岡市民体育館

栄花　なつかしいですね。

古川　北海道には赤胴少年剣道大会という少年剣士の全道大会があり、英幸君は小学生5年で優勝した逸材でした。中学校に進学してからもその活躍はだれもが知るところであり、彼がどの高校に進学するのかは、高校の指導者にとって重要な問題でした。

栄花　世界大会は弟の直輝が小学校6年生で、このとき赤胴少年剣道大会の団体戦、個人戦の準決勝以上の試合がエキシビション的に行なわれました。喜茂別剣道連盟は団体戦で優勝、個人戦も

直輝が決勝まで進んだのですが、敗れました。優勝したのは、いま世界大会のコーチをつとめている平尾泰先生（警視庁）です。

古川　そうだったね。

栄花　私は中学校3年生である程度、進学したいと思っていた高校はありました。そんな折、喜茂別の栄花喜久雄先生から「いま熱心に指導している先生がいる」と教えていただいたのが古川先生です。栄花喜久雄先生は私の父のおいにあたり、剣道指導者の一人でした。

古川　昭和54年12月に初めて生徒勧誘で喜茂別に行きましたが、それまで英幸君は私の存在すら知らなかったと思います。当時、北海道の高校剣道界は群雄割拠でした。剣道復活期は砂川北高校が連続出場記録を持っており、喜茂別高校や羽幌高校など剣道が盛んな地域の高校が全国大会に行っていました。

栄花　そうだったんですね。

古川　昭和54年、男子は室蘭栄高校、女子は稚内高校がインターハイに出ています。私が試合で活躍することで、少しは名前が売れると思い、必死に稽古をしていました。この年、世界大会で個人準優勝、全国教職員大会で個人優勝、東北・北海道剣道大会で最優秀選手をいただいたのですが、それでも知名度はほとんどなかったと思います。その後、12月に全日本剣道選手権大会があり、北海道代表として初めて決勝戦に進むことができました。テレビ中継もあり、新聞などで取り上げられました。

栄花　古川先生の全日本選手権での活躍は新聞を読んで知っていました。「すごい選手がいる」と思っていたのですが、その古川先生が喜茂別に来ると聞き、驚きました。

古川　英幸君が四高に来てくれなければ、いまの四高はなかったでしょう。それくらい人生をかけた勧誘でした。

栄花英幸

えいが・ひでゆき／昭和39年生まれ。喜茂別剣道連盟で剣道を始める。東海大学第四高校（現東海大学札幌高校）から東海大学に進み、卒業後、教員となる。全日本剣道選手権大会準優勝・3位、全国教職員大会優勝、全日本都道府県対抗優勝大会優勝など。剣道教士八段。現在、恵庭南高校教諭。

栄花　生意気な言い方ですが、私は喜茂別の先生方と稽古をしても負けることはなかったし、OBの先輩方と稽古をしても互格にできました。一般の人にも負けないという気持ちで剣道を続けていたのですが、古川先生には手も足も出ませんでした。

古川　自信をもっているから「一本も打たせない」という気持ちで稽古をしました。強い選手は打たれたら「なにくそ」という気持ちになりますよね。そんな気持ちで稽古をしました。

栄花　古川先生との稽古は、動こうとすれば打たれる。竹刀を振った記憶さえあまりありません。そんな経験は初めてだったので悔しいというよりも、なんであたらないのかなあという気持ちになりました。その後、古川先生のお話を聞いているうちに指導を受けたいと思うようになりました。

古川　喜茂別は町長をつとめた菊地久治先生が剣道振興に熱心で、少年剣道の指導にもあたっていました。英幸君の勧誘のときは菊地先生にご挨拶をして、道場で英幸君と稽古したのちに、ご両親にご挨拶に行ったのもなつかしい思い出です。喜茂別は北海道でもとくに寒い土地で、おがくずを燃料にするストーブを見たのも初めての経験でした。

栄花　喜茂別はいまでも寒いですからね。

古川　英幸君が入学を決意してくれ、当時、ライバル関係にあった原田之彦君も四高に来てくれました。翌年、佐賀聡君も四高に来てくれたのは、栄花君、原田君の影響で、もし別の学校に入学していたら、いまの四高はないと思います。

基本に次ぐ基本
熱気に壁が濡れた猛稽古

栄花　昭和55年に東海大第四高校に入学しましたが、私は春休みから札幌の親戚宅に泊めてもらって稽古に参加していました。まだ入学前だったのでお客様だったためか、春休みの稽古がきつかった思い出はありません。ところが、入学したとたん、稽古が一気にきつくなりました（笑）

古川　その年、5月の連休を利用してPL学園に行きました。栄花、原田ら有名選手が来てくれたことで、3年計画で全国大会入賞を目標にしました。彼らをしっかり育てるには、指導者である自分がまた一から勉強しなければならない。そんな気持ちでPL学園の剣道寮に泊めていただき、稽古に参加したときです。

栄花　とにかく切り返しが多く、基本稽古も多かったです。掛かり稽古も充分時間を割いて、まさに鍛え抜かれるという感じでした。

古川　あのPL学園が基本に次ぐ基本です。当時、PL学園の生徒は全国から選抜された素晴らしい素質の持ち主ばかりでしたが、そんな彼らが基本稽古を徹底的に繰り返しているのです。崩れずに切れのある打突をめざしていたのは衝撃的でした。

栄花　基本稽古のメニューが細かく、たくさんありました。

古川　模造紙に稽古メニューを書いて道場に貼ったのですが、天井ちかくに貼っても床につき、さらに余るくらいの量の多さでした。

栄花　出ばな突きはいまとなってはよい思い出です。首のまわりがまっかに腫れ上がってしまいましたが、それが猛稽古の証であり、勲章でしたね。

古川　ほとんどの部員が首のまわりにタオルを巻きながら稽古をしていたね。掛かり稽古の熱気で道場の壁が濡れていました。私もまだ指導法を模索している状況でしたから、英幸君たちは大変だったと思います。よくついてきてくれました。

栄花　熱気で壁だけでなく、床も滑るようになりました。稽古が休めるから、汗で転倒して怪我をしたい、ガラス窓に転がり込んで怪我をしたい、と本気で考えていたくらいです。なかなか思い通りにはいきませんでしたが、そのくらい苦しい稽古でした。

古川　私も全日本を狙っていたので、生徒と一緒に強くなるという気持ちでした。

栄花　気を抜くところがない稽古で、足の皮が剥けました。1年生の頃は稽古に耐えられる身体ができていなかったのでしょう。四高の稽古は、私の剣道人生における転機になったことは間違いありません。

古川　私もただ必死でした。

栄花　いま、教員をしていますが、生徒によく言います。「東海大第四高校の時代が先生を変えた。たとえば今世界中のお金を栄花にあげるから、あの時の一日に戻ってみないかと言われても戻らない。それくらいきつい稽古をしてきたんだよ」と。かけがえのない経験をさせていただきました。

真夏の玉竜旗対策　ストーブを焚いて稽古

古川　英幸君が入学した1年後、昭和56年のことですが、羽幌から佐賀豊先生（現札幌日大高校教員）の弟佐賀聡君が四高に入学しました。英幸君を大将に据え、インターハイを狙えるメンバーが揃いました。

栄花　全道大会、私と佐賀聡がインターハイ個人出場を決め、最終日の団体戦を迎えました。

古川　地区大会で優勝、春季大会も優勝、全道大会の個人戦でワン、ツーを獲っていたので、団体出場は目前でした。ところが、札幌第一に負けました。私の責任ですが、あのときは辛かった。会場は岩見沢だったのですが、帰路の電車、バスで会話をする者は一人もいなかったですね。四高に戻り、何日か経ってからだったね。「玉竜旗に行きたい」と部員からの直訴があったのは…。

栄花　そうです。団体戦で負けたのが本当に悔しかったです。九州で自分たちの力を試してみたかったのです。

古川　玉竜旗に行くからには覚悟が必要で、九州の剣士に勝つには、まず九州の暑さに勝つことが必要です。行くからには暑さに耐えられる稽古をしなければならず、その意思確認をしたのも懐かしい思い出です。

栄花　地獄の練習が始まりました（笑）

古川　ある意味、この稽古からが四高の始まりでした。朝のトレーニングに始まり、稽古は道場を閉め切ってストーブを焚きました。四高の道場は高台にあり、夏場でも涼しいので、九州のような暑さをつくることができませんでした。ストーブを焚いて、道場の気温を上げて稽古をしました。

栄花　この稽古はたまらなかったですね。でも、この稽古のおかげで九州でもばてることなく試合ができました。

古川　稽古会場は暑かったけれど、試合場の福岡市民体育館は予想以上に暑くなかった。

栄花　練習会場の暑さには参りましたが、試合場に入ったとき「いける」と思いましたね。

古川　初出場だから当然、ノーシードです。4回戦くらいからはすべて大将戦だったと記憶しています。

栄花　そうでしたね。どんな相手と戦っても「絶対に負けない」という気持ちでした。

古川　決勝戦まで行くと思ったよ。玉竜旗の怖さですね。

栄花　準決勝の常磐（福岡）は強かったですね。八代東（熊本）が決勝進出をきめていて我々の試合を観戦していました。「待ってろよ、八代東」という気持ちだったのですが、うまくいかなかったですね。先鋒佐賀が3人抜きをして大きくリードしたのですが、これが玉竜旗なんですね。

古川　初出場で3位だから上出来ですよ。中堅先本一彦君は高校から剣道を始めた生徒です。3年間、苦しい稽古についてきてくれました。

栄花　私は3歳から剣道をしていますので、ある意味衝撃的でした。

古川　玉竜旗については教員生活で、最初で最後の入賞になるとは想像できませんでした（笑）。それはともかく母校西海学園と練習試合をすることもでき、九州剣道を肌で感じることができたことは大きな収穫でしたね。

栄花　そう思います。

古川　玉竜旗が終わったあと佐世保に行って、西海学園と合同稽古をお願いしたのですが、私も岩永正人先生に稽古をいただき、赤子のように扱われました。

栄花　岩永先生は巨人のようでしたね。これが専門家なのかと思いました。

古川　玉竜旗に始まり、西海学園との合同稽古、インターハイ、そして東海大学主催の学園オリンピックに参加したから初めての遠征は2週間くらい出っぱなしでしたね。インターハイは佐賀君が珍しい兄弟対決もあってベスト8、英幸君がベスト16でした。「来年こそ団体出場」という気持ちになりました。この経験があったから翌年のインターハイ予選で団体優勝することができました。

栄花　このときも大変でしたね。私が熱を出してしまい、個人戦を落としてしまいました。

古川　個人戦を落としたときは「今年もか…」という気持ちにな

	先	次	中	副	大	点
北海道	佐賀	原田	栄花	古川	守谷	3
	コ	㋙メ	㋱メ	㋱		6
千葉	㋙コ				㋱	3
	斉藤	土屋	石渡	軽米	蒔田	2

第31回全国教職員大会初優勝。決勝戦、東海大第四高校卒業生、原田選手がメンを決める（写真）

ったけれど、団体戦は昨年負けた札幌第一に勝つことができ、勝った瞬間は涙が出ました。この年の全道大会は稚内開催でしたが、この大会を見て、いま北海道警察に所属している波間英雄君（現教士八段）は四高に行きたいと思ってくれたそうです。インターハイは予選リーグで小山（栃木）、高岡（富山）と対戦して決勝トーナメントに行くことができました。個人戦では佐賀が3位に入ってくれて、東海第四の名前が少し全国に知れ渡るようになりました。

栄花　玉竜旗やインターハイに出たことで、全国に仲間が増えました。鹿児島商工の中山睦友君（中央大学進学）、八代東の宮本敏雄君（国士舘大学進学）は同級生で我々の世代のスーパースターです。のちに「玉竜旗の栄花はすごかった」と言われたときは嬉しかったですね。

竹刀を持つ前の心に気を配った稽古を求める

栄花　東海大学を卒業後、私は教員として北海道に戻りました。佐賀豊先輩も筑波大学卒業後、北海道に戻ってきていて、北海道には古川先生をはじめ、林朗先輩など日本一をめざす選手がいました。

古川　青剣会と名付けて彼らと切磋琢磨する稽古会を始めたのですが、この会から全日本チャンピオン、世界チャンピオンを出すことが目標でした。

栄花　切り返し、打ち込み、追い込みなど基本から行なっていましたが、真剣勝負でした。中途半端な打ちを出したときは、お互いに決まるまで打ち合っていました。

古川　初めて稽古に参加した方はその厳しさに驚いていましたね。

栄花　基本から真剣勝負でした。のちに北海道チームのアップは会場から注目されるようになりましたが、必死で稽古に取り組んでいました。

古川　初めて北海道が団体戦で全国優勝したのが全国教職員大会でした。

栄花　佐賀豊先輩が先鋒、次鋒原田、中堅栄花、副将古川先生、大将守谷先生という布陣でした。恩師と試合に出ることができ、それだけで感慨深いものがありました。

古川　前年の地元開催では決勝戦で敗れていたので、今年は「なんとしても優勝」という気持ちが強かったよね。

栄花　はい。

古川　決勝戦は千葉県と対戦しました。先鋒戦を落としたものの原田君、栄花君が連勝して私に出番がまわってきました。教え子2人がつないでくれたからには負けるわけにはいかない。自分で決まるという覚悟で試合をしたのを昨日のことのように覚えています。

栄花　古川先生とは全日本都道府県対抗で一緒のチームで優勝することができました。全日本選手権に出場したときは必ず武道館に足を運んでくださり、我々を見守ってくださいました。全日本は古川先生も活躍した舞台であり、いつかは自分も出たいと思っていた場所です。古川先生がいるというだけで心強かったです。

古川　英幸君とも北海道予選で試合をしているよね。君たちがもっと頑張ってほしいという気持ちもあり、42歳くらいまで全日本予選には出ていました。

栄花　古川先生と出会っていなければ、このような剣道人生を歩んでいないと思います。中学生の頃から教員になりたいという気持ちはありましたが、とくに教科については意識していませんでした。古川先生の教えを受けたことで、明確に剣道の先生になりたいという気持ちになりました。

古川　いま私があるのは、教え子たちが色々な分野で頑張っているからです。卒業生の剣道継続率は高く、もっとも難しい八段審査に3名合格、七段にもたくさん合格しています。彼らが頑張っていることが現役部員の刺激になることはもちろん、私も負けられないという気持ちになります。

栄花　先生はいまも基本を重視して、ご自身でも基本稽古を欠かしません。私もその教えを伝えようと日々、工夫・実践しています。

古川　講習会で必ず基本を指導するのはそのためです。一足一刀の間合から足を継がずに打つことができれば、応じ技も遣えるようになります。私は60歳になり、やっと八段戦で勝つことができましたが、基本を常に行なってきたからだと思っています。

栄花　基礎ができていないといくら立派な家を建てても無駄になってしまうのと一緒ですね。恵庭南高校でも面を着けずに素振り、足さばきなどから指導するようにしています。

古川　剣道の場合、指導者が正しい見本を示さなければならないから、常に言っていることと行なっていることが一致するように気を配っています。
栄花　剣道の基本を学ぶことが人生の基本を身につけることにもつながると感じています。人生の基本はまず挨拶（礼法）です。道場内だけでなく、だれにでも素直に挨拶ができる生徒を育てたいと考えていますが、難しいですね。

「竹刀を持つ前の心をしっかりしてほしいし、勉強することが必要です」

古川　指導者が常に目配せをして、自然にできるようにするには時間がかかりますが、大事なことです。
栄花　試合では感情的になりやすいので、ついそれを忘れてしまいます。私は剣道を通して人間としての生活の常識を身につけてほしいと考えています。それが正しい剣道につながるはずです。古川先生は身近でそれを実践されていたので、その教えを受け継ぎたいです。
古川　竹刀を持つ前の心をしっかりしてほしいし、勉強することが必要ですね。私も高校の教員は退職しましたが、その気持ちを忘れずに指導にあたりたいと考えています。

あとがき

本書は月刊『剣道時代』にて連載した「勝って打つ剣道」を一冊にまとめたものです。「勝って打つ」という大きなテーマをいただきました。自分自身、なかなかできないことを充分に自覚していますが、私が求める剣道であり、私が教わってきた剣道もそれです。勝って打つとは、攻めて相手を崩して、そこに生じた隙を的確にとらえることです。この勝って打つ剣道を求めることが、生涯剣道につながり、ひいては剣道の目的である人間形成にもつながると信じて今も修行を続けています。

私は長崎県佐世保市で剣道を始め、佐世保刑務所の桧物実一先生（教士七段）に手ほどきを受けました。高校は武専（大日本武徳会武道専門学校）卒業の岩永正人先生（範士八段）の指導を受け、東海大学では井上正孝先生（範士八段）、小柳津尚先生（範士八段）、橋本明雄先生（範士八段）。網代忠宏先生（範士八段）らに鍛えられ、昭和52年、まったく縁のない北海道の東海大第四高校（現東海大札幌高校）の教員となりました。以来、約40年にわたり生徒とともに自分自身も強くなることを責務とし、稽古を続けてきました。

私が指導した東海大第四高校は、基本稽古を中心に行ない、人間形成に力を入れてきました。その第一は「一足一刀の間合から一拍子で面を打つ」ということです。これを徹底的に身につけさせることで、剣道の土台がつくることができると考えていました。

これまで栄花英幸（全日本剣道選手権準優勝）、栄花直輝（全日本剣道選手権・世界剣道選手権優勝）、若生大輔（全日本選手権準優勝）、安藤翔（世界剣道選手権優勝・全日本剣道選手権3位）など数々の卒業生が、ここを巣立った後も結果を残してくれています。八段にも栄花兄弟が昇段しました。これもすべて基本を実践し、常に工夫・研究をして稽古を続けた結果だと考えています。

剣聖と呼ばれた範士十段持田盛二先生は「剣道は五十歳までは基礎を一所懸命勉強して、自分のものにしなくてはならない。普通基礎というと、初心者のうちに修得してしまったと思っているが、これは大変な間違いであって、そのため基礎を頭の中にしまい込んだままの人が非常に多い。私は剣道の基礎を体で覚えるのに五十年かかった。私の剣道は五十歳を過ぎてから本当の修行に入った。心で剣道をしようとしたからである」という教えを残しています。このように持田先生も基礎の重要性を説いています。私は、稽古に入る前に必ず持田先生の遺訓を読み、自分の剣道を少しでも上達できるように取り組んでいます。

本書を手にとり、基本の重要性を再認識して「勝って打つ剣道」を求めて日々の稽古に取り組んでいただければ、これ以上のよろこびはありません。本書をまとめるにあたっては多くの協力やご助言をいただきました。とくに東海大学札幌高校剣道部の久保田尚也先生、剣道時代編集長の小林伸郎氏、撮影を担当した西口邦彦カメラマンに感謝を申し上げ、あとがきといたします。

古川和男

令和2年6月25日

古川和男
ふるかわ・かずお／昭和29年長崎県生まれ。西海学園高校から東海大学に進み、卒業後、東海大学第四高校（現東海大学札幌高校）の教諭となり、平成29年３月に定年退職。主な戦績として全日本選抜八段優勝大会優勝・２位、全日本選手権大会２位、世界選手権大会個人２位、スポーツアコード武術大会個人優勝２回などがある。基本を徹底する指導理論に定評があり、東海大札幌高校を実力校に育てるとともに、第14回世界剣道選手権大会において日本代表のコーチ、そして現在、第18回世界剣道選手権大会に向け、日本代表監督をつとめる。剣道範士八段。

初出
本書に収録した記事は雑誌『剣道時代』2017年７月号から2018年８月号まで掲載された連載『勝って打つ剣道』に加筆修正を加えたものです。

勝《か》って打《う》つ剣道《けんどう》

発　行――令和２年10月１日　第１版第１刷発行
著　者――古川和男
発行者――手塚栄司
組　版――株式会社石山組版所
撮　影――西口邦彦
編　集――株式会社小林事務所
発行所――株式会社体育とスポーツ出版社
〒135-0016 東京都江東区東陽2-2-20 3階
TEL 03-3291-0911
FAX 03-3293-7750
http://www.taiiku-sports.co.jp
印刷所――図書印刷株式会社

ISBN978-4-88458-422-1 C3075 Printed in Japan